MAGISTERIO
EDITORIAL

Echeverri N., Ana Isabel
    El manual del docente / Ana Isabel Echeverri N. — Bogotá:
Cooperativa Editorial Magisterio, 2003.
    118p. ; 24 cm. — (Colección Aula Activa)
    1. Formación profesional de maestros - Manuales 2. Relaciones
maestro estudiante - Manuales 3. Currículo 4. Educación especial -
Manuales I. Tít. II. Serie
371.12 cd 20 ed.
AHQ3931

CEP-Banco de la República-Biblioteca Luis-Angel Arango

El manual
del docente

Estrategias e ideas creativas
que le facilitarán la labor educativa

Ana Isabel Echeverri N.

Colección Aula Activa

EL MANUAL DEL DOCENTE

Autora
©   *ANA ISABEL ECHEVERRI N.*

Libro ISBN:978-958-20-0722-5

Primera edición: 2003
Segunda edición: 2007
Reimpresión: 2010
Tercera edición: 2011
Cuarta edición: 2018

©   *COOPERATIVA EDITORIAL MAGISTERIO*
Diagonal 36 bis No 20-58 Park Way - La Soledad
Bogotá - Colombia
Celular: (+57) 312 4354489
www.magisterio.com.co
info@magisterio.com.co

Impresión:

Contenido

Prefacio

Durante los 20 años de experiencia como docente del idioma Inglés para estudiantes de todos los grados escolares, estuve enfrentando diferentes aspectos educativos que me generaban un alto nivel de estrés. Cada día, buscaba aplicar nuevas estrategias académicas y disciplinarias para hacer de mi clase la más especial de todas. Sin embargo, éstas nunca fueron suficientes y mi motivación hacia la labor educativa se vio en ocasiones disminuida por el inevitable sentimiento de frustración. Por otra parte, era consciente del buen conocimiento que yo tenía de la materia, pero encontraba que no lograba cumplir satisfactoriamente con los objetivos establecidos a comienzos del año y descubrí que había varias razones. Entre ellas, el difícil manejo de la disciplina, las relaciones personales poco fortalecidas, o definitivamente, la falta de estrategias prácticas para trabajar los niños excepcionales quienes están siendo actualmente y con más frecuencia, integrados en programas curriculares regulares. Por otro lado, el diseño de un currículo académico con un enfoque significativo y didáctico que integre todas las áreas de aprendizaje no fue para mí, fácil de lograr.

El esquema educativo actual de "integración escolar" ha hecho del salón de clase un espacio en donde el docente debe brindar una formación integral buscando satisfacer todas y cada una de las necesidades individuales de sus estudiantes. En consecuencia, los docentes deben ser conscientes de la gran responsabilidad que demanda la labor educativa con una población estudiantil tan heterogénea como la de estas últimas décadas. Una población socialmente afectada por diferentes fenómenos tales como: la violencia, la drogadicción, la desintegración familiar, los secuestros, el desempleo, y la pobreza, entre otros.

Es así como, después de una investigación exhaustiva, concluí que la mayoría de docentes no han sido profesionalmente orientados para manejar aspectos tales como los niños excepcionales, el comportamiento en clase, y las relaciones personales con padres de familia, estudiantes y compañeros de trabajo. Entonces, decidí diseñar este documento que recopila una gran variedad de recomendaciones prácticas para que el docente pueda aplicar en su clase. Indudablemente, los estudiantes obtendrán mejores niveles de competencia académica y social, su nivel de estrés disminuirá de manera significativa, y el ambiente de trabajo será el óptimo para toda la comunidad escolar. Recuerde que la creatividad y la perseverancia en la aplicación de estas sugerencias son muy importantes para ver aflorar los resultados en muy corto plazo. Usted estará beneficiando a sus estudiantes y los estará formando teniendo en cuenta sus necesidades particulares a través de un ambiente de aprendizaje motivador e inolvidables experiencias educativas. En este libro encontrará la solución a sus problemas de clase para que deje a un lado el agotador desgaste físico y emocional que día a día se convierten en un reto laboral.

Tratando con niños excepcionales

Introducción

Los niños excepcionales o incapacitados tienen el derecho a ser educados dentro de un ambiente educativo normal. Solamente se les puede privar de esta oportunidad cuando la naturaleza o severidad de la incapacidad es tal que la educación en una clase convencional se pueda lograr con el uso de ayudas y servicios adicionales. Esto no quiere decir que todos los niños excepcionales deben ser puestos en clases regulares; quiere decir que los niños levemente discapacitados que puedan beneficiarse de una clase regular, en un ambiente de normalización, pasarán parte o todo el día en el medio educativo del colegio.

Es decir, que a los estudiantes con discapacidades se les brindará, en cuanto sea posible, la oportunidad de vivir sus vidas de una manera típica o normal. Para las instituciones de educación convencional, lo anterior implica que deben preparar a dichos estudiantes para vivir sus vidas de manera independiente dentro de un espacio convencional. Además, la normalización sugiere que el "ritmo del día escolar" para los estudiantes con discapacidades debe ser tan similar como sea posible a lo que experimentan los estudiantes no discapacitados.

"Integración escolar" es el término educativo que quiere decir "integración de niños con problemas educativos especiales, tales como la discapacidad física, en clases y actividades escolares convencionales en donde se pueden beneficiar académica y emocionalmente". Para muchos estudiantes levemente discapacitados, tales como aquellos con dificultades de aprendizaje y con problemas emocionales, el ambiente menos restrictivo debe ser el salón de clase convencional con o sin el uso de programas adicionales. Los estudiantes excepcionales tienen necesidades educativas y sociales que también se les debe satisfacer. Para lograr esto, los docentes deben modificar sus programas curriculares, el formato de sus clases, el sistema de medición y evaluación, el ambiente de clase, y los materiales didácticos de tal forma que se ajusten a las necesidades de los estudiantes y les permita participar activamente en las actividades de clase.

En este capítulo revisaré las características del aprendizaje y las necesidades académicas de los estudiantes excepcionales y los indicadores que permiten a los docentes y directivos escolares determinar la categoría a la que estos estudiantes pertenecen dentro de las nueve que contemplan a los niños excepcionales. Adicionalmente, describiré una serie de recomendaciones prácticas para que los docentes apliquen en sus clases cuando, dentro de su grupo de estudiantes, haya niños excepcionales. Estas sugerencias ayudarán en cierta medida a aliviar la carga emocional y física que genera la tarea educativa de docentes que trabajan en instituciones con programas de integración escolar.

¿Qué son niños excepcionales?

Los niños que requieren de servicios educativos especiales entran dentro de las siguientes categorías básicas de niños excepcionales: retardo mental, dificultad de aprendizaje y déficit de atención, problemas de lenguaje, sordera, problemas visuales, discapacidad física y/o de salud, trastorno emocional y/o de comportamiento, multidiscapacidad, autismo, alto coeficiente intelectual, y problemas en el hogar.

Retardo mental

La Asociación Americana de Deficiencia Mental define el retardo mental como "el comportamiento intelectual muy por debajo del normal que generalmente se presenta con déficit en el comportamiento de adaptación y que se manifiesta durante la etapa del desarrollo" (Grossman, 1983). La severidad del retardo mental puede clasificarse como leve, moderada, severa y profunda. El comportamiento de adaptación se refiere a la habilidad de seguir estándares de independencia personal, auto-cuidado, y responsabilidad social apropiadas para la edad y el grupo social. Actualmente, con el nuevo esquema educativo, los docentes de clases normales tienen muchas probabilidades de tener contacto únicamente con estudiantes que son levemente retardados, o sea, que poseen un coeficiente intelectual (CI) entre 50 y 70 puntos. Estos estudiantes son llamados por los psicólogos como mentalmente retardados educables (MRE). Sin embargo, estos niños poseen una disminuida habilidad para pensar de manera abstracta y de entender las explicaciones verbales complejas. Es necesario utilizar con frecuencia, refuerzos tangibles y concretos cuando se trabaja con ellos. Estos niños también tienen un lapso de memoria corto y por lo tanto, los premios y castigos deben ser dados inmediatamente después de su comportamiento o es posible que ellos no puedan hacer la conexión entre el comportamiento y su consecuencia. Se distraen con mucha facilidad y responden mejor cuando se les eliminan los estímulos o distractores externos y cuando se les enfatizan las expresiones. Los niños mentalmente retardados no generalizan bien de una situación a otra. Para ayudar a aumentar la probabilidad de que ellos usen el comportamiento aprendido en una situación nueva y apropiada, se deben utilizar diferentes situaciones y experiencias cuando se enseñe este nuevo comportamiento. A pesar de estas limitaciones, no olvidemos que los niños retardados mentalmente experimentan la misma gama de emociones (dolor, rabia, frustración) que los demás estudiantes. Asegúrese de que su programa curricular les provea de experiencias de éxito frecuentes.

Recomendaciones

Los programas para los estudiantes mentalmente retardados se enfocan en ayudarlos a desarrollar las habilidades funcionales consideradas esenciales para vivir de manera independiente. Las actividades más valiosas para los estudiantes mentalmente retardados educables (MRE), al igual que para otros estudiantes, son aquellas que son concretas, significativas y basadas en experiencias personales. Cuando el ritmo de las actividades de la clase es muy rápido, se puede dar una instrucción a través de tutores. Esta instrucción individualizada debe incluir más repetición y práctica que la que se necesita con otros estudiantes. Estos estudiantes excepcionales necesitan "sobreaprender" un concepto o habilidad continuando con la práctica aún después de que hayan demostrado el dominio de ésta.

La mayoría de las actividades de lenguaje para los estudiantes MRE son funcionales e incluyen habilidades que realmente necesitan conocer. Estos estudiantes son capaces de aprender a comunicarse a través del lenguaje oral y escrito, y necesitan desarrollar muchas de las habilidades básicas que otros estudiantes aprenden en los grados. Las siguientes son actividades prácticas apropiadas para el trabajo con estos estudiantes:

- Haga que los compañeros-tutores lean con los estudiantes MRE utilizando la misma estrategia que utilizaría el profesor(a): introducir el texto, leerlo, explorarlo, responderlo. Esta estrategia permite a los estudiantes moverse naturalmente dentro de la lectura y les da la práctica y repetición necesarias. Motive a los tutores para que relean los libros favoritos a sus compañeros especiales.
- Permita que los estudiantes MRE cuenten y dicten historias utilizando libros de imágenes sin palabras. Estos libros sin palabras son útiles para introducir el concepto de "cuento" y para enseñarles a manejar los libros.
- Enfóquese en el aprendizaje funcional a través de actividades de lectura, ortografía y escritura. Por ejemplo, en una salida pedagógica tome fotos. En un cuaderno o libreta agregue frases dictadas por los estudiantes de estas fotos para mostrarle la palabra dentro de un contexto.

- Utilice libros de patrones para enseñar estructuras gramaticales de forma oral. Adicionalmente, los mismos niños pueden escribir sus propios libros siguiendo un patrón.
- Ensaye la escritura sin el uso del lápiz. Los estudiantes MRE pueden practicar la habilidad de la escritura utilizando plastilina o barro, témperas, arena, o crema de afeitar, y que formen letras con sus cuerpos sobre el piso. También pueden practicar la ortografía de esta misma forma con estas técnicas, o usando letras de espuma, sellos, etc.
- Invítelos a escribir poemas como "Yo deseo..", "Si yo fuera...", y otro tipo de poemas. Aunque ellos no manejen bien las rimas y el conteo de sílabas, pueden escribir poemas con patrones repetitivos.

Problemas de aprendizaje y déficit de atención

Un niño con problemas de aprendizaje se ha descrito comúnmente como: "un niño que tiene un desorden en uno o más de los procesos básicos del aprendizaje el cual se puede manifestar en grandes dificultades para la adquisición y uso de la escucha, el habla, la lectura, la escritura, la ortografía, o la realización de cálculos matemáticos" (Tennessee Department Education, 1982). Este término no incluye a los niños que tienen problemas de aprendizaje debido a su discapacidad visual, auditiva, o motora, problemas de retardo mental, de trastorno emocional, desventajas culturales o económicas. Por otro lado, el *Síndrome de atención* se define como: el comportamiento desviado caracterizado por una atención y concentración fluctuante o deteriorada; distracción, impulsividad, agresión; y una inquieta actividad motriz o mental, muy frecuentemente acompañada de una leve incapacidad motriz, de memoria y de lenguaje. Este síndrome es considerado por los científicos como uno de los desórdenes neurocomportamentales más serios y frecuentes en los niños, que los afecta desde su primera infancia, a lo largo de su edad escolar y en la vida de adolescente y adulto.

Para que un niño con una posible discapacidad en el aprendizaje califique para recibir atención especial, los sistemas escolares exigen que el docente tenga una completa documentación sobre la discrepancia entre los niveles de cumplimiento académico y el funcionamiento intelectual de éste. Estos niños frecuentemente experimentan frustración al tratar de cumplir con las exigencias académicas y algunas veces, pueden portarse mal cuando son incapaces de manejar el estrés de la clase. Su nivel de actividad es por lo general alto y algunos pueden presentar cortos períodos de atención. Su auto-concepto puede ser también pobre debido a los constantes fracasos. Dividir su trabajo en pequeñas unidades, proveerlos de experiencias de éxito frecuente, y experimentar con estrategias pedagógicas alternativas puede ayudar a estos estudiantes a beneficiarse aún más de una clase regular. De igual forma, poder identificar las dificultades específicas de estos estudiantes, puede proveer al docente de una valiosa información para poder ajustar sus programas y estrategias a las necesidades cambiantes de cada estudiante.

Las características de los estudiantes con dificultad de aprendizaje presentan los siguientes indicadores de comportamiento:

1.   El estudiante se mueve constantemente, no puede concentrarse más de unos minutos.
2.   Generalmente está callado y retraído.
3.   Presenta dificultad para relacionarse con los compañeros.
4.   Es desorganizado.
5.   Se distrae fácilmente.
6.   Muestra inconsistencias en su comportamiento.
7.   Parece no entender las instrucciones orales.
8.   Duda mucho cuando habla.
9.   Tiene una expresión oral muy pobre para su edad.
10.   Tiene un comportamiento extremadamente agresivo o violento.
11.   Emplea lenguaje extraño o irrelevante; ecolalia.

En la lectura:

1.   El estudiante pierde la palabra, repite palabras.
2.   No lee con fluidez.
3.   Confunde palabras y letras similares.
4.   Emplea el dedo para seguir la lectura.
5.   No expresa entusiasmo por la lectura.
6.   Usa un orden incorrecto de las letras en las palabras.

7.   Presenta dificultad para asociar el sonido con la letra correcta.
8.   Invierte las palabras.

En la escritura:

1.   El estudiante no puede permanecer sobre el renglón.
2.   Tiene dificultad para copiar del tablero o de otra fuente.
3.   Emplea la letra cursiva o manuscrita en la misma tarea.
4.   Es lento para completar el trabajo escrito.
5.   Utiliza expresiones escritas deficientes para su edad.

El estudiante con déficit de atención presenta los siguientes síntomas:

1.   Con frecuencia, actúa antes de hablar.
2.   No termina lo que comienza.
3.   Parece no escuchar.
4.   Se distrae fácilmente.
5.   Tiene dificultad para concentrarse en los trabajos que requieren de atención continua.
6.   Tiene problemas para permanecer en una actividad.
7.   Cambia con mucha facilidad de una actividad a otra.
8.   Tiene dificultad para organizar el trabajo.
9.   Puede ser hiperactivo.

Estas características sugieren una discapacidad académica, y las dificultades de lenguaje, particularmente de lectura, son los problemas académicos más comunes. Obviamente, no todos los estudiantes con problemas de aprendizaje y déficit de atención presentan estas característica, y algunas de ellas están también asociadas con otros problemas y condiciones discapacitantes del aprendizaje.

Recomendaciones

Puesto que los estudiantes con dificultad de aprendizaje son aprendices frecuentemente inactivos (Torgesen, 1982), los docentes deben diseñar actividades que les permitan experimentar de manera activa con el lenguaje y usar el lenguaje de forma genuina, significativa y funcional.

Otra consideración importante es que a los estudiantes con dificultad de aprendizaje se les debe permitir experimentar el éxito, aún de forma no tradicional. Por ejemplo, los estudiantes pueden componer historias oralmente, utilizando una grabadora, o preparando reportes orales en vez de escritos. Es importante que los profesores desarrollen estrategias innovadoras para trabajar con estudiantes de estas características especiales.

Otras estrategias y actividades prácticas que pueden adaptarse a su currículo para facilitar el trabajo con estos niños son:

- Busque materiales de más fácil lectura o de niveles más bajos sobre la misma materia o tema que está trabajando en clase.
- Prepárele diferentes evaluaciones.
- Dígale con anterioridad lo que espera que él sepa en las evaluaciones.
- Permítale utilizar un banco de palabras durante las evaluaciones.
- Señálele con un marcador (resaltador) las frases o ideas más importantes en los textos de lectura.
- Realice algunos materiales didácticos, tenga programas de computadora relacionados con el tema visto en clase o sugiérale que los consiga en casa.
- En los primeros días de clase, pida a todos sus estudiantes que traigan un resaltador para que señalen las instrucciones importantes de los textos de trabajo de tal forma que el estudiante con dificultad de aprendizaje no se salte algún paso importante.
- Haga que el estudiante trabaje una parte de la tarea solamente, luego otra. Por ejemplo, si tiene que leer un texto, indíquele que lea sólo un párrafo y cuando lo haya entendido bien, puede trabajar con el siguiente.
- Igualmente, cuando tenga que completar varios ejercicios o asignaciones en una hoja de trabajo, usted puede doblarla en secciones para que el niño realice cada parte de acuerdo a su ritmo, o incluso puede recortarla en diferentes secciones.
- El niño podría participar en cursos de nivelación los días sábados programados por el colegio y en ese tiempo, puede completar los trabajos que no realizó durante la semana escolar.
- Puede darle al niño una caja usada de pizza para que él utilice como biombo sobre su pupitre. Se sorprenderá de lo seguro que

se va a sentir el niño con su trabajo cuando siente que nadie está mirando su trabajo.

- Los compañeros de clase suelen preguntar por qué un niño de clase es tratado de manera diferente. Una respuesta simple como: "está dentro de su plan educativo", es todo lo que usted debe decirles. Con estudiantes mayorcitos, usted podría discutir lo que significa "dificultad de aprendizaje", asegurándose de hacer énfasis en que el hecho de tener una dificultad no significa que el niño no sea inteligente.

- Asigne a un compañero de clase para que ayude a este niño mientras usted trabaja con los demás. Recuerde que el ayudante es un guía y no debe responderle los trabajos. Puede asignar varios ayudantes para cuando uno esté cansado, el otro lo re-emplace.

- Pida a profesores de los grados bajos que inviten a este niño para que lea frente a los estudiantes de su clase.

- Todos los niños son buenos en algo, si el niño con dificultad de aprendizaje tiene letra bonita, invítelo a escribir anuncios importantes en el tablero. Encuentre ese *algo* especial en el niño y bríndele la oportunidad de sobresalir.

- Permita a los niños con problemas serios de escritura que utilicen la máquina de escribir o la computadora en casa para hacer sus tareas de composición o de ortografía.

- Estos estudiantes pueden utilizar libros sin palabras para contar historias basadas en imágenes, pueden aprender vocabulario relacionado con la historia, y dictar o escribir sus propias historias basados en los libros.

- En cuanto sea posible, realice actividades de escucha en vez de lectura, porque los niños con dificultades de aprendizaje son mejores para escuchar. Por ejemplo, los estudiantes pueden revisar lo que escribieron en voz alta o haga que otro estudiante se lo lea. Se ha encontrado que los estudiantes identifican más sus errores mecánicos cuando escuchan lo que escribieron que cuando lo hacen mentalmente.

En casos de déficit de atención:

- Mantenga contacto visual con el estudiante durante la instrucción oral.
- Evite dar múltiples órdenes.

- Asegúrese de que el estudiante comprenda las instrucciones antes de comenzar su trabajo.
- Estos niños necesitan más ayuda por más tiempo que el resto de estudiantes. Gradualmente, reduzca la ayuda.
- El estudiante requiere de un cuaderno o agenda de tareas diariamente que sea debidamente revisada y firmada por el padre de familia. Puede usarse como medio de comunicación entre el docente y los padres.
- Modifique las tareas si es necesario.
- Asígnele un trabajo a la vez.
- Bríndele ayuda constante con actitud positiva.
- Asegúrese de evaluar su conocimiento y no su capacidad de atención.
- Déle el tiempo adicional para ciertos trabajos. Estos estudiantes pueden trabajar más lentamente que el resto.
- Recuerde que estos niños se frustran muy fácilmente. El estrés y la fatiga pueden romper el auto-control del niño con déficit de atención y llevar a la indisciplina.
- Constantemente, enfatice las reglas de clase.
- Evite ridiculizar o criticar al estudiante al frente de toda la clase. Estos estudiantes se salen de control muy fácilmente.
- Tampoco les recuerde en público que deben tomar su medicina, (en caso de usarla).
- Siente al estudiante cerca de usted y de compañeros que sean "buenos modelos" que puedan imitar.
- Evite los distractores externos.

Problemas de lenguaje

Los niños con dificultades de lenguaje muestran problemas para la articulación de sonidos. Estos problemas son algunas veces identificados por los padres, médicos, o profesores de preescolar durante los primeros años del niño; sin embargo, ocurre con frecuencia que pasan sin ser notados hasta el grado primero. Algunos niños con esta dificultad muestran problemas de fluidez (pueden tartamudear), mientras que otros pueden tener claridad de voz anormal (Ejemplo: Niños con labio leporino), no tienen la habilidad de producir oraciones o la habilidad de usar el lenguaje con propósito determinado, hablan muy poco en las situaciones escolares, y les faltan muchos conceptos que son parte de la vida diaria. Igualmente, estudios científicos han encontrado que los niños que en su fase prenatal han sido expuestos a la droga o al alcohol, presentan serias dificultades del lenguaje a pesar de su coeficiente intelectual normal. Los problemas de lenguaje incluyen tanto la comprensión receptiva como la habilidad expresiva. Por lo tanto, el profesor debe ser consciente de las necesidades de estos niños y darles un tiempo suficiente para que se comuniquen cuando tengan problemas. No se les debe llamar la atención por su dificultad en el lenguaje.

Recomendaciones

Los niños con retraso en la expresión oral o escrita necesitan experimentar de manera intensa con el lenguaje, y una clase normal puede ofrecerles muchas oportunidades significativas para aprenderlo, tanto de manera directa como indirecta. Para esto, le sugiero tres estrategias de trabajo: los niños necesitan una instrucción sistemática, que experimenten con una variedad de funciones del leguaje, y oportunidades para hablar de manera espontánea en el contexto de relaciones interpersonales.

Muchas de las actividades que se sugieren para expresión oral y drama pueden utilizarse de manera efectiva con estudiantes que presentan dificultad de lenguaje. La siguiente es una lista de actividades prácticas para desarrollar en clase con estos estudiantes:

- Motive a los estudiantes con dificultades de lenguaje a participar en conversaciones, tiempo diario compartido, e interacciones en grupos pequeños. Los estudiantes de grados elementales pueden usar la conversación espontánea cuando participan en juegos dramáticos.
- Utilice libros predecibles para darles una práctica estructurada de los patrones de lenguaje que se están trabajando en clase. El uso de libros que tienen patrones de lenguaje repetidos.
- Involucre a los estudiantes en juegos dramáticos, en representar personajes, y en trabajo con títeres. Contar historias conocidas o familiares con títeres es una posible actividad, y las actividades de movimiento se pueden utilizar para enseñar conceptos del lenguaje como los opuestos, las preposiciones o los términos de instrucción.

- Introduzca los conceptos, dándoles experiencias concretas, y ayúdelos a identificar tanto las características del concepto como las relaciones del concepto y otras experiencias. El dibujo de diagramas puede ser de gran ayuda.

- Haga que los niños escriban libros con subtítulos en lo que ellos hacen dibujos o recortan láminas de revistas y le agregan subtítulos de una palabra o una frase completa. Los estudiantes pueden leer los subtítulos en los libros y hablar acerca de la lámina. De esta forma, los estudiantes aprenden conceptos sobre el lenguaje escrito mientras preparan material para la práctica del lenguaje oral.

- Involucre a estos niños en el mundo de los libros. Léales y reléales, pues, a través de las experiencias con libros, estos estudiantes escucharán y tal vez, repetirán una variedad de palabras y patrones del lenguaje, a la vez que aprenderán a disfrutar los libros.

Problemas visuales

Los niños con problemas visuales pueden desatender o interrumpir las actividades de clase cuando se trabaja en el tablero. Pueden presentar dificultades con actividades de acercamiento que requieran de coordinación viso-motora fina, y por lo tanto, muestran poco interés en estas actividades. Algunos estudiantes con problemas visuales tienen una agudeza visual pobre; es decir, que no pueden ver objetos distantes o cercanos claramente. Otros tienen una agudeza normal, pero pueden ser incapaces de ver objetos en la perspectiva adecuada. Estos estudiantes presentan, con mucha frecuencia, dificultad con las actividades de impresión o dibujo. Por ejemplo, confunden letras similares o las invierten. Los estudiantes con estos síntomas, generalmente tienen problemas de percepción. Otros síntomas que deben alertar al profesor de la necesidad que tiene el estudiante de un examen visual son:

1. Estrabismo, enrojecimiento, o inflamación de los ojos; pus u orzuelos alrededor del ojo.

2. Quejas por dolor de cabeza, mareo, dolor de ojos, nausea, visión doble o borrosa, o párpados que arden o rascan.

3. Tropiezo frecuentes o caminar por encima de los objetos. Es

probable que el estudiante no pueda calcular exactamente la ubicación de los objetos en el espacio o no sea capaz de ver los objetos que no están en la dirección de la visión.

4. Incapacidad de distinguir colores. (Algunos estudiantes pueden ser ciegos a los colores).
5. Sostener el material de lectura muy cerca o muy lejos de los ojos. Él o ella también puede cerrar un ojo o extraviarlo cuando está mirando los objetos.
6. Frotarse los ojos puede ser muy frecuente.
7. Incapacidad para ver objetos distantes que puedan ser vistos fácilmente por los demás.
8. Excesiva sensibilidad a la luz.

Dificultad auditiva

Con frecuencia, los profesores(as) tenemos estudiantes que se "desconectan" o no ponen atención a la clase. Por lo general, el problema es de comportamiento y responde a técnicas de manejo de clase. Sin embargo, una baja agudeza del oído es alguna de las causas de este comportamiento. Se ha encontrado que es muy difícil, pero no imposible, diagnosticar la sordera y sólo hasta cierta edad y después de muchos exámenes médicos, es fácil lograrlo; por lo tanto, es muy frecuente que los padres de estos niños no lo descubran sino muchos meses o años más tarde cuando ya su proceso de aprendizaje del lenguaje está bastante afectado. Sin embargo, hoy en día existen muchas soluciones para mejorar la audición en forma de audífonos que se ajustan al oído, cirugías de implantes, e incluso, masajes especiales que de una manera importante alivian los síntomas de dolor e infección del oído.

La presencia de dos o más de los siguientes síntomas sugiere la necesidad de un examen médico de oídos.

1. Poca atención a clase, aislamiento.
2. Expresión facial indicando la falta de comprensión cuando se le da una instrucción oral.
3. Mala pronunciación de palabras.
4. Respiración sólo por la boca.
5. Tendencia a localizar el sonido por un oído.

6.   Tono de voz no apropiado.
7.   Quejas por dolor de oído; frotación frecuente del oído.

Recomendaciones

*   Asigne al estudiante una silla en la parte delantera del salón de clase.
*   Asegúrese de que el estudiante use permanentemente el audífono especialmente formulado para su oído.
*   Dé instrucciones de manera lenta y clara para mejorar la comprensión por parte del estudiante.
*   Realice actividades con el apoyo de audio-casettes en donde el estudiante pueda ajustar el volumen deseado. Puede hacerlo de manera grupal o individual.
*   El uso de música en clase es muy motivador para estos estudiantes.
*   Al dar instrucciones, ayúdese de gestos o señales tanto manuales como faciales y acérquese al estudiante.
*   Ayude al estudiante a manejar el tono de voz. Busque la estrategia más funcional para lograrlo. Podría utilizar un gesto con la mano.
*   Motive al estudiante a participar en actividades de expresión oral tales como dramatización, declamación, canto, o incluso, cortos diálogos para refuerzo de patrones gramaticales.

Discapacidad física o de salud

Los problemas relacionados con la salud son pocas veces identificados como la causa de un bajo rendimiento académico. Los problemas físicos pueden perjudicar el trabajo de los niños a pesar de su capacidad intelectual. Una salud deteriorada también puede afectar el comportamiento social del estudiante. Con mucha frecuencia, un niño irritable, inactivo, o apático es catalogado como inmaduro o desmotivado, y el profesor o sus padres no investigan las causas de dicho comportamiento.

Los docentes deben estar conscientes del comportamiento sutil que algunas veces presentan estos estudiantes. Las condiciones fisiológicas como el vómito o la diarrea son fácilmente reconocibles, pero otros síntomas son médicamente menos reconocibles y pueden aparecer como comportamientos para *llamar la atención*. Otros problemas de salud, tales como la mala nutrición, parásitos, anemia, o falta de sueño pueden afectar el comportamiento del estudiante en clase. A menos que se reconozca la causa del problema, el comportamiento se podría interpretar como falta de motivación o falta de interés por aprender.

Las señales que indican que el estudiante puede necesitar atención médica incluyen:

1. Quejas frecuentes por dolor de cabeza o estómago en ausencia de otros síntomas.
2. Falta de energía, que aparece con una actitud lenta o apatía hacia las actividades de la clase.
3. Quedarse dormido en clase frecuentemente.
4. Comportamiento irritable o hiperactivo.
5. Frecuentes tropiezos o caídas.
6. Episodios repentinos de mirada fija, tiempo durante el cual no responde a las actividades de clase.
7. Frecuentes ausencias al colegio debido a su enfermedad.
8. Signos de abuso de drogas.
9. Falta de apetito.

Trastorno emocional y de comportamiento

Los estudiantes que con frecuencia exhiben un comportamiento inapropiado pueden fácilmente colmar la paciencia del profesor. El término *trastorno emocional* se define como: *una condición que muestra una o más de las siguientes características durante un largo período de tiempo o a un alto grado que de manera adversa afecte el proceso educativo.* Típicamente, son niños o bien agresivos, o que demuestran comportamientos para llamar la atención, o retraídos, que exhiben un comportamiento de apatía. Los siguientes son algunos de los indicadores que debe tener en cuenta el docente para identificar el trastorno emocional en sus estudiantes:

1. Parece estar "fuera de contacto". El estudiante puede ser como un "zombie" en apariencia o sumergido en un mundo de fantasía.
2. Emplea un habla extraña o irrelevante. Ocasionalmente, encontrará un estudiante que es ecolálico. El lenguaje puede ser infantil.
3. Una aversión aparente a la gente. El estudiante puede retraerse, buscar aislamiento, o fracasar en la comunicación con los demás.
4. Auto-mutilación. Por ejemplo, el estudiante puede pinchar o rascar continuamente algunas partes de su cuerpo.
5. Balanceo continuo, movimiento de los dedos, y extrema fascinación por los objetos que giran.
6. Comportamiento repetitivo (el estudiante muestra el mismo comportamiento una y otra vez).
7. Comportamiento extremadamente agresivo o violento.
8. Comportamiento antisocial, tales como mentir o robar.
9. Incapacidad para concentrarse o permanecer quieto por más de unos pocos segundos.
10. Comportamiento excesivamente temeroso o sospechoso.
11. Un estado de ánimo de depresión o infelicidad profunda.

Aproximadamente el 2% de los estudiantes presentan dificultades emocionales, pero solamente los que tienen más problemas para adaptarse son los que se identifican y se atienden. Los estudiantes con trastornos emocionales presentan bajo rendimiento académico puesto que sus problemas interfieren con el aprendizaje.

Recomendaciones

El comportamiento de estos aprendices excepcionales sugiere que ellos necesitan de un ambiente escolar positivo, libre, y estructurado. Permitirles expresarse oralmente puede ser la mejor manera de comunicar sus emociones con libertad. Mida los niveles de frustración de estos estudiantes y ayúdelos a encontrar las maneras de comunicar su frustración. La modificación del comportamiento es una técnica efectiva para ayudar a los estudiantes a que aprendan a controlar el comportamiento destructor y socialmente inadecuado. Igualmente, tenga en cuenta las necesidades emocionales, sociales y académicas de estos niños.

A continuación, describiré algunas actividades que los expertos educadores norteamericanos James D. Long, Virginia H. Frye, Gail E. Tomkins, y Kenneth Hoskisson sugieren para trabajar en clase con estos estudiantes:

- Para desarrollar las habilidades de lenguaje oral y de socialización, involúcrelos en actividades de lenguaje oral que sean funcionales. Los niños más pequeños pueden participar en un juego dramático, y los niños de todas las edades pueden participar en conversaciones informales con los compañeros y con la profesora.
- Los niños con desorden emocional pueden expresarse con menos ansiedad si usan títeres, así que motívelos a usarlos para realizar informes orales y para contar historias.
- Haga que sus estudiantes registren sus sentimientos o comportamientos en un diario. Esta actividad es para el estudiante como una válvula de escape y le ayuda a mejorar las técnicas de escritura. Puede trabajar esta actividad con estudiantes pre-adolescentes y adolescentes, pues ellos se expresan más libremente en forma escrita.
- Emplee el dibujo u otra actividad artística como estrategia para conocer los sentimientos o estados emocionales de sus estudiantes. A través de las formas artísticas, el estudiante manifiesta sus pensamientos y su visión de la realidad. Es una alternativa de comunicación para los niños que tienen dificultad de expresarse oralmente.
- Algunos niños con problemas emocionales se benefician de la lectura de libros con personajes que muestren un problema similar al de ellos. Este tipo de historias les ayuda a reconocer que otros niños también presentan problemas similares y que los pueden enfrentar y superar.
- Para mejorar su proceso de escritura, es importante que los docentes alimenten este proceso y les muestren la importancia de revisar y editar para mejorar la calidad. Estos niños no aceptan fácilmente la crítica de sus compañeros.
- El uso de cajas de arena en clase es muy efectivo para trabajar las emociones de niños pequeños. Se les debe permitir jugar con diferentes figuras de animales, figuras humanas y de objetos de la casa durante 30 ó 60 minutos a la semana para que el profe-

sor pueda observar de manera interrumpida la forma como el niño(a) organiza el escenario de juego y la escena misma. Esto le permite al profesor formarse una idea de lo que el niño está sintiendo o del problema que está viviendo en el momento.

* Como la mayoría de estos niños son violentos, siempre maneje la disciplina positiva para promover y aumentar la auto-estima del estudiante.

* Permítale que se sienta valorado, motívelo a sentirse útil, colaborador; bríndele la posibilidad de aprender gradualmente las muchas habilidades que tienen que ver con ser responsable de lo que le pasa, motívelo a cambiar su estrategia en vez de acusar a los demás, ayúdelo a tomar la iniciativa, a relacionarse con los demás y a resolver problemas.

Multidiscapacidad

Estos niños presentan combinaciones de discapacidades tales como sordera/ceguera o retardo mental/físico. Es necesario que a ellos se les satisfagan sus necesidades básicas. La mayoría de estos niños se trabajan dentro de ambientes de educación especial y son pocos los casos que asisten a instituciones de educación convencional en donde les brindan el apoyo necesario.

Sin embargo, hay instituciones educativas de programas convencionales que les dan la oportunidad de participación a niños ciegos, y en este caso, es necesario que la institución cuente con material didáctico y de lectura especialmente diseñado y una profesora auxiliar que maneje debidamente la escritura *braille*. Estos niños pueden beneficiarse de manera significativa cuando participan en programas de educación regular.

Por otra parte, existe la posibilidad de tener estudiantes que sean superdotados y a la vez, físicamente discapacitados. Este caso, poco frecuente, no es fácil de manejar. Sin embargo, es importante, en primera instancia, determinar las fortalezas y debilidades de estos niños para permitirles participar en las actividades de clase, aportando ideas que enriquezcan los temas a tratar e interactuando con el resto de los compañeros. Ellos se sienten bien cuando se les da la oportunidad de liderar proyectos; pero a la vez, deben ser capaces de recibir el apoyo de los demás cuando lo necesiten. Adicionalmente, están a su disposición las estrategias que más adelante describiré para niños superdotados, las cuales puede tratar en este caso especial. Algunas pueden funcionar, otras no. No se desanime, depende de cada caso individual.

Y lo más importante, no olvide motivar a todos sus estudiantes a practicar diariamente la mutua cooperación y a reconocer la importancia del respeto cuando se trata de compartir el espacio educativo con estudiantes excepcionales.

Autismo

En el pasado, los niños autistas eran incluidos dentro de la categoría de desorden emocional. Ahora, el autismo se define como un problema de desarrollo que se manifiesta durante los tres primeros años de edad y que afecta a 4 de cada 1.000 niños. Este desorden patológico se presenta con:

1. Una falta aguda de sensibilidad social normal.
2. Pérdida de contacto con la realidad.
3. Dificultad en la comunicación y relación con los demás.
4. Dificultad en aspectos asociados que pueden incluir la resistencia al cambio.
5. Irregularidades en el movimiento.
6. Apego a los objetos inanimados.
7. Respuestas inusuales a los estímulos sensoriales.

Un niño autista que recibe ayuda temprana puede ser posteriormente integrado en un programa escolar regular. Sin embargo, son muchos los casos de autismo agudo que requieren de tratamientos especiales.

Alto potencial intelectual

Los niños intelectualmente superdotados se definen como niños excepcionales debido a sus habilidades intelectuales superiores y a su potencial en el desempeño académico. En la mayoría de los casos, los niños que son seleccionados para participar en colegios con programas especiales para niños talentosos poseen un coeficiente intelectual (CI) de 130 puntos o por encima de la prueba estándar de inteligencia. El objetivo de estos programas para niños superdotados es el de ayudarles a darse cuenta de su potencial superior y a que contribuian en lo que más puedan a la sociedad.

Algunos niños superdotados son mejor atendidos en clases regulares con algunas modificaciones. Otros pueden requerir de programas especiales debido a sus competencias académicas superiores. Estos niños, por lo general, poseen gran dominio verbal y memoria superior. También pueden ser escépticos de lo que se les dice y pueden tener gran capacidad de pensamiento crítico. Debido a su habilidad cognitiva superior, se distraen con facilidad en una clase normal, y este aburrimiento puede ser interpretado como falta de cooperación o disgusto por parte del docente. Pueden rechazar las rutinas y los ejercicios. Para la mayoría de estos estudiantes, las habilidades sociales no están al mismo nivel que las cognitivas y por lo tanto, pueden ser socialmente ineptos. Algunos pueden presentar un comportamiento para llamar la atención o producir un trabajo de calidad en un intento por lograr satisfacer las necesidades sociales.

En términos generales, estos son los indicadores que le ayudarán a identificar a un niño superdotado:

1. Tiene un estilo único de aprendizaje.
2. Aprende más rápido que la mayoría de los niños.
3. Desarrolla más rápido el proceso de caminar, hablar y leer.
4. Hace preguntas complejas y muestran un alto grado de curiosidad.
5. Da explicaciones complicadas y detalladas.
6. Organiza la información de manera diferente.
7. Da muchas soluciones a un problema.
8. Usa procesos de pensamiento abstracto.
9. Tiene amplio vocabulario.
10. Se expresa muy bien.
11. Tiene intereses variados.
12. Disfruta descubriendo o resolviendo problemas.
13. Le gusta trabajar independientemente.

14. Tiene un lapso de atención más prolongado que el de sus compañeros.
15. Persevera en las áreas de interés.
16. Tiene sentido del humor altamente desarrollado.
17. Es perfeccionista.
18. Es demasiado energético.
19. Prefiere la compañía de niños mayores o de adultos.
20. Muestra unos valores personales fuertes.
21. Es altamente delicado con él y con los demás.
22. Muestra un nivel alto de auto-conciencia.

No todos los niños superdotados son de alto rendimiento. Algunos son de bajo rendimiento que no han desarrollado totalmente su potencial por falta de motivación, presión de los compañeros, o temor al éxito. Algunas veces, los profesores tendemos a identificar a los estudiantes que se portan bien o que completan de manera puntual y exacta sus trabajos como posibles superdotados; por el contrario, aquellos que se les ve aburridos o que muestran falta de interés en las actividades de la clase pueden ser superdotados pero no han demostrado su potencial.

Recomendaciones

Los niños superdotados tienen necesidades especiales como los tienen los otros niños excepcionales, y entre mayor sea la habilidad del estudiante, más necesita un programa que sea individualmente diseñado. Cuando estos estudiantes participan en programas de clases regulares se deben tener en cuenta las siguientes recomendaciones:

- Establezca un ambiente de clase que no sea competitivo e individualizado.
- Provea de un ambiente que motive a tomar riesgos y aprender por ensayo y error.
- Cambie el papel de profesor de ser *transmisor de información* a ser *organizador de recursos* para darle a los estudiantes una mayor responsabilidad y control de su aprendizaje.
- Promueva la interacción con los compañeros para ayudar a los niños superdotados a que desarrollen una visión más real de ellos mismos.

- Espere de estos estudiantes siempre lo mejor.

- Motive a los estudiantes a realizar proyectos comunitarios que mejoren su mundo (individual o en grupo).

- Provea a los estudiantes con herramientas de aprendizaje, incluyendo las habilidades de investigación, de pensamiento más alto (análisis, síntesis y evaluación), y de resolución de problemas.

- Investigue y comparta con ellos problemas reales, de tal forma que los estudiantes se conviertan en productores y no en consumidores de información.

- Busque la singularidad de cada estudiante. Todos tienen diferentes intereses.

- Varíe los formatos (que realicen reportes, historias, libretos, obras de teatro, caricaturas) con los cuales los estudiantes presenten los proyectos.

- Bríndele la oportunidad de crear materiales curriculares para uso de toda la clase. El desarrollar estos materiales le brinda la oportunidad al estudiante de aplicar su conocimiento en áreas de contenido particular y de crear un producto funcional.

Problemas del hogar

No todos lo niños viven un ambiente de hogar adecuado. Algunos niños son víctimas de rechazo intencional. En otros casos, los padres pueden simplemente ser incapaces de suplir las necesidades de sus hijos. Como resultado, un estudiante puede estar despeinado, mal vestido, desnutrido, y constantemente enfermo. Se pueden reportar falta de abrigo o comidas regulares y las frecuentes ausencias a clase son muy comunes. Los niños que son rechazados o excluidos son incapaces de trabajar al nivel de su capacidad en el colegio. Muchos niños no se sienten integrados totalmente a sus familias y tienen problemas en sus relaciones con los hermanos o hermanas lo cual no les permite concentrarse y llevar debidamente un trabajo intelectual. En muchos casos es necesaria la ayuda de una trabajadora social para que apoye a la familia para obtener los recursos necesarios que mejoren el ambiente del hogar.

Además de vivir en un ambiente deprimido, algunos niños son víctimas de abuso. Este es un hecho que todos los educadores deben reconocer. El abuso a un niño puede incluir maltrato físico, maltrato emocional, abuso sexual, y rechazo. Los educadores deben estar alertas a los signos de posible abuso sexual o de rechazo por parte de los padres según los siguiente indicadores:

1.   Un conocimiento sexual superior al de su edad.
2.   Un comportamiento totalmente maduro.
3.   Muestras de actividad sexual o juegos sexuales inapropiados con juguetes o compañeros.
4.   Comportamiento seductor.
5.   Depresión.
6.   Falta de confianza.
7.   Bajas en el rendimiento académico.
8.   Dificultad para concentrarse.
9.   Muy agresivo o completamente sumiso y malas relaciones con los compañeros.
10.   El niño tiene golpes o moretones en el cuerpo, quemaduras sospechosas, o señales de mordeduras.
11.   El niño muestra evidencias de rechazo al médico. Necesita cuidado dental, gafas, tratamiento médico.
12.   El niño se muestra perezoso o se duerme en clase.
13.   Tiene una imagen muy precaria de sí mismo.
14.   Habitualmente llega demasiado tarde al colegio o se queda dando vueltas después de clases.
15.   Frecuentemente falta al colegio o siempre llega tarde.

Aspectos académicos en la integración escolar

Como una tendencia educativa, la integración escolar es efectiva cuando se trabaja con niños excepcionales. Los procedimientos que se lleven a cabo pueden variar dependiendo de la naturaleza de la discapacidad y de los recursos del colegio.

Con frecuencia, los niños con desorden de aprendizaje tales como el retardo mental leve, inteligencia limitada, y problemas de aprendizaje, pasan la mayor parte del día en colegios convencionales. Los niños con dificultades visuales y auditivas también pueden pasar la mayor parte de su tiempo en este tipo de colegios y pueden recibir instrucción académica de una profesora regular.

Muchos de los niños excepcionales tienen dificultad en competir académicamente con los niños que no son discapacitados. Incluso, algunos presentan un atraso académico muy grande y encuentran que es imposible completar la mayoría del trabajo que se les asignan en el grado escolar. Los profesores de clases convencionales deben estar muy atentos a las necesidades del niño excepcional observando con cuidado si las experiencias académicas del niño son exitosas. Naturalmente, esto se hace difícil cuando el profesor es responsable de un grupo muy grande de estudiantes. Sin embargo, los niveles de habilidad de los niños normales también varían y la agrupación por habilidades puede funcionar en ventaja de los niños excepcionales. Estos grupos deben ser flexibles de tal forma que permita a los estudiantes entrar y salir del grupo cada vez que lo deseen. Un niño excepcional obtiene muy poca ventaja emocional cuando es incluido en una clase regular y, además, agrupado nuevamente y considerado como el más lento de la clase.

Las estrategias pedagógicas como la lectura en voz alta y la evaluación oral pueden servir de ayuda a los estudiantes que leen a un nivel inferior al de su clase. La ayuda de tutores puede ser muy útil al igual que el uso de material grabado en audio-cassettes que pueden realizar sus padres en casa. Las tareas deben ser asignadas de manera individual de igual forma que algunos conceptos básicos. Se puede tener en cuenta la ayuda de una profesora asistente, pero no olvidar que la responsable del progreso de estos niños es el docente del grupo. Todos los niños deben recibir el beneficio de la experiencia y conocimiento de su profesora.

Sin embargo, debemos tener en cuenta que al trabajar con programas de integración escolar, es importante que el docente adopte las siguientes estrategias pedagógicas fundamentales:

1. *Arreglos o agrupaciones para la instrucción de clase.-* Para cualquier actividad existe un número de arreglos instruccionales entre los cuales escoger: grupos grandes, grupos de aprendizaje cooperativo, compañeros o tutores de clase.
2. *Formato de la clase.-* El formato de una clase puede cambiarse para satisfacer las necesidades de un niño incluyendo más oportunidades de participación de todos los estudiantes como

discusiones, juegos, representación de papeles, clases experimentales, demostraciones, y/u organización temática de la clase.

3. *Métodos de enseñanza.-* Un cambio en las estrategias de enseñanza puede influir en la capacidad de participación del estudiante. Ejemplos como: simplificación de las instrucciones, adición de información visual, uso de materiales concretos, actividades de aprendizaje secuencial de lo fácil a lo difícil, repetidas oportunidades de práctica de habilidades, cambios en la elaboración o diseño de respuestas, ayudas verbales y/o asistencia física directa. En todos los casos, las instrucciones deben ser simples y se deben dar una a una, por separado, a menos que el estudiante haya demostrado la habilidad de manejar varias órdenes al tiempo.

4. *Objetivos curriculares y resultados del aprendizaje.-* Para ajustarse a las necesidades de un niño dentro del contexto de una actividad, es recomendable individualizar los objetivos académicos. Esto se puede cumplir utilizando las mismas actividades y materiales de clase. Si los estudiantes están trabajando en el concepto de clasificación a través del uso de bloques, un niño con una discapacidad puede participar en la misma actividad pero enfocándose en las habilidades del niño para alcanzar, agarrar y soltar objetos.

5. *Adaptación al método de respuesta/evaluación.-* Algunas veces, los niños pueden entender un concepto pero, sin embargo, necesitan una adaptación o cambio especial en la manera como ellos demuestran el conocimiento. El uso de sistemas aumentativos de comunicación, contacto visual, y demostraciones (exposiciones orales) pueden permitirle al estudiante demostrar su conocimiento de una mejor forma. No olvide que cuando el estudiante termina bien sus trabajos, debe ser recompensado. Estos estudiantes necesitan experimentar frecuentes éxitos. Aplique formas alternativas de evaluación diferentes a la numérica, muchas veces, los números no son claros para ellos.

6. *Condiciones ambientales.-* El arreglo ambiental es un aspecto importante en cualquier espacio infantil. Cambios en el nivel de ruido, en la disponibilidad auditiva y visual, el arreglo físico de los equipos y del salón de clase, y la accesibilidad de materiales son consideraciones importantes. Recuerde evitar al máximo todo tipo de distractor externo. Se recomienda que

siente al niño excepcional cerca de usted, pero haciendo parte del grupo.

7.	*Modificación de los materiales didácticos.-* Algunas veces es necesario adaptar físicamente los materiales didácticos o de juego para facilitar la participación del estudiante. Los materiales pueden modificarse físicamente mejorando: la estabilidad (uso del velcro), la facilidad de agarre (agregando manijas, haciendo los materiales más grandes), la accesibilidad (desarrollando muebles especiales para el alcance de los materiales, adicionando cuerdas o resortes especiales para agarrar los objetos, moverlos o retirarlos), la claridad o distintivos visuales (adicionando contraste o iluminación especializada), o el tamaño.

8.	*Nivel del personal de ayuda.-* La necesidad de ayuda que tiene un niño varía desde esporádicas revisiones puntuales hasta una continua supervisión de cerca. La ayuda también varía día a día y puede ser suministrada por adultos o compañeros de clase.

9.	*Una actividad alternativa.-* Esta adaptación curricular debe utilizarse como la última opción cuando las condiciones anteriores no se pueden usar para responder a las necesidades de los estudiantes.

Aspectos sociales de la integración escolar

Las clases convencionales no pueden cumplir con todos los requisitos académicos de los niños excepcionales debido a sus dificultades y a su necesidad de instrucción especializada. Sin embargo, los niños que tienen la habilidad de participar en actividades de clases regulares se benefician de:

a.	La experiencia de formar parte de un grupo más grande.
b.	De un curriculum debidamente diferenciado.
c.	De vivir sus vidas de manera normal, tan independientes como sea posible.
d.	De trabajar en un ambiente de aprendizaje normal.

Además, aprender a vivir y a trabajar dentro de un horario regular de escolaridad enriquece el proceso de formación social del estudiante.

Sin embargo, los alumnos de educación especial no son siempre bien aceptados por los demás compañeros y esto puede contribuir a la baja auto-estima y a la falta de auto-confianza. Otros pueden ser molestados o ridiculizados por sus compañeros. Algunos estudios han encontrado que los niños con dificultades de aprendizaje que participan en clases regulares reportan más sentimientos de soledad y aislamiento que sus demás compañeros y hacen pocas amistades y menos estables. Por otra parte, es probable que estos estudiantes excepcionales experimenten más estrés escolar y más frustración si no se les brinda el apoyo constante y el amor que ellos demandan de los docentes.

Algunos niños excepcionales son aceptados pero tratados como bebés por sus compañeros hasta tal punto que terminan dependiendo totalmente de ellos. Ninguna de estas situaciones es la deseada. El objetivo de la profesora de clase es el de promover relaciones sanas entre los compañeros, en las cuales el estudiante excepcional sea aceptado como una persona valiosa que tiene algo para aportar a los demás. Por lo tanto, es importante mejorar las habilidades sociales y de independencia personal de estos niños. Adicionalmente, algunos estudios han demostrado que la interacción y el juego libre entre niños excepcionales y niños no excepcionales pueden favorecer el comportamiento de estos últimos cuando se trata del juego libre integrado.

Aspectos comportamentales de la integración escolar

Cualquier intento que se haga para mejorar el comportamiento de los niños excepcionales debe considerar en primer lugar, si las necesidades tanto académicas como sociales están siendo debidamente satisfechas. Le sugiero que se concentre en el uso de estrategias de refuerzo positivo y sólo en casos extremadamente necesarios, use las negativas puesto que estos niños deben enfrentar muchas cosas negativas en sus vidas. Su desarrollo emocional se beneficiará si su experiencia en clase es positiva y si la recompensa es frecuente. Es necesario que las reglas de clase se establezcan de manera sencilla y clara y deben revisarse periódicamente. Debido a las dificultades de la memoria de muchos de estos niños, algunos pueden romper una norma porque la han olvidado. Los contratos que se hacen entre docente y estudiante deben ser cortos y en términos simples. Asimismo, el sistema de evaluación numérica puede ser muy abstracto para estos niños y es por eso que se recomienda usar recompensas de otra índole como estrellas, stickers, caras felices, trabajos especiales, o cualquier otro detalle creativo que despierte el interés del niño por la clase.

Darle al estudiante alguna responsabilidad y status que corresponda a sus habilidades puede ayudar a promover un comportamiento apropiado. Los niños excepcionales pueden ser líderes en la formación de filas; pueden ser ayudantes de la profesora repartiendo tareas, copiando en el tablero, etc.

Los niños que muestran un serio déficit de atención son extremadamente difíciles de manejar en su comportamiento, aún con ayuda profesional. Algunos de estos niños requieren de tratamiento farmacológico adicional a las estrategias de disciplina diseñadas por el docente. En el caso de los estudiantes con comportamiento extremadamente agresivo o violento, es importante que éstos sean atendidos en instituciones especiales, pues su comportamiento interrumpe de manera significativa el proceso de educación de otros estudiantes y contribuye en gran parte al estrés del docente.

La integración escolar como estrategia educativa ha funcionado muy bien para muchos niños. La atención que los educadores le están prestando a este aspecto de la programación para estudiantes excepcionales puede traer muy buenos resultados en la adaptación del estudiante tanto al colegio como a la comunidad. Se les está brindando la oportunidad de ser útiles a la sociedad y lograr la independencia que los padres de familia esperan de ellos.

Finalmente, recapacitamos sobre su labor como educador y sobre el gran reto que debe enfrentar todos los días ante un grupo de estudiantes en donde cada uno es un mundo diferente, leyendo el siguiente aporte de la profesora norteamericana Sandra McBryer, ganadora del Premio Nacional al Profesor del Año en 1994 en los Estados Unidos:

"Como educadores nunca sabemos quién se sienta ante nosotros a dónde puede llegar. Solamente, a través de la educación podemos despejar todos los caminos que yacen en cada estudiante. Tenemos el conocimiento y la habilidad de abrir las puertas cerradas que se presentan en el camino del desarrollo de nuestros niños. Nuestra actitud es la clave. Los hechos hablan más que las palabras. Nuestras , pclases y materiales son una parte integral de nuestros colegios. Pero es nuestra filosofía de la educación y nuestro comportamiento los que tienen el mayor impacto en nuestros estudiantes. Los educadores juegan un papel crucial en determinar el futuro de la sociedad. Debemos entender esta responsabilidad y abrir nuestros corazones y mentes a todos los estudiantes. Sus almas están en nuestras manos.

(Every Child a Learner, 1997, p. 322)

2

Manejando el comportamiento en clase

Introducción

La habilidad de manejar el comportamiento de los estudiantes es la mayor preocupación de los profesores, especialmente de los principiantes. Afortunadamente, hay una gran cantidad de opciones disponibles que ya han sido probadas en ambientes de clases reales de tal forma que el profesor no tiene que contar únicamente con su juicio personal. La dificultad para manejar el comportamiento de los estudiantes ha sido la mayor causa de estrés físico y emocional y retiro de los profesores, incluyendo la falta de conocimiento de la materia. Conocer y diseñar diferentes estrategias que comprometan al estudiante a tener un comportamiento productivo tanto social como académico lo convertirá en un profesor efectivo, es decir, un profesor que controla su clase, pero que no está obsesionado con la idea del control.

Si aprendemos a conocer las causas de la indisciplina y del mal comportamiento, las dificultades de clase y el nivel de frustración se disminuirán notablemente.

Para lograr esto, es importante saber que según los psicólogos, existen cuatro grandes causas de indisciplina: *atención, poder, venganza y auto-confianza*. Adicionalmente, existen siete necesidades primarias que todos los seres humanos poseen y que socialmente tratamos de suplir antes de que se nos pida ser auto-disciplinados, estudiosos, cooperadores, respetuosos y académicamente competentes. Entender estas necesidades es un fundamento esencial para manejar con éxito el comportamiento de los estudiantes en clase:

1.   *Hambre.-* No solamente los niños de estratos socio-económicos bajos se alimentan mal. Hoy en día, en nuestra sociedad, muchos niños son mal atendidos en casa por falta de tiempo o por mal manejo de éste. Algunos niños llegan a clase sin haber tenido un alimento suficiente a la hora del desayuno o del almuerzo y después de una o dos horas de clase, pueden manifestar un comportamiento inapropiado e irritable. Una alimentación adecuada permite buen comportamiento y aprendizaje efectivo.

2.   *Sed.-* Comer algo salado o experimentar algunos problemas de salud, o luego de realizar mucha actividad física, puede acentuar la necesidad de consumir líquidos. Incluso, el uso de algunos medicamentos puede incrementar esta necesidad.

3.   *Sexualidad.-* En este caso, la sexualidad se refiere a las relaciones con los demás, e incluso, consigo mismo. El interés por la sexualidad se manifiesta a lo largo de toda la vida escolar y generalmente, hacia el sexo opuesto. Además de los problemas corrientes entre niño y niña, se presentan problemas de amistad niño-niño y niña-niña. Estos problemas pueden extenderse e incluir los sentimientos que los niños tienen hacia los adultos del sexo opuesto. En realidad, un estudiante puede sentir amor apasionado por una profesor(a) o por otro adulto. También, las dificultades causadas por no haber sido incluido en el grupo y ser excesivamente desarrollado o insuficientemente desarrollado físicamente son problemas muy reales que pueden generar un comportamiento inaceptable.

4.   *Aire.-* Generalmente, pasamos por alto esta necesidad primaria en el colegio. Sin embargo, el hecho de no satisfacerla debidamente, puede llevar a comportamientos inadecuados. Una forma de afectar esta necesidad, es cuando el docente arregla el salón de clase sin permitir espacio suficiente entre uno y

otro estudiante. Además, se puede agravar el problema cuando existen casos de asma, o problemas psicológicos, como la claustrofobia.

5. *Descanso.-* Todos conocemos la necesidad que tenemos los seres humanos de descansar. Sin embargo, en muchas ocasiones no somos conscientes del hecho de que algunos de nuestros estudiantes no están teniendo el descanso que necesitan. Esto se debe a numerosos factores tales como: preocupaciones personales, problemas y responsabilidades familiares, enfermedades, y trabajo fuera del colegio.

6. *Escape de la angustia.-* De todas las necesidades primarias, ésta es una de las más importantes a tener en cuenta cuando se trata de descubrir la razón del mal comportamiento. Muchos estudiantes prefieren no asistir a clase o comportarse mal para escapar de la angustia de no ser capaces de completar el proceso de aprendizaje con éxito. En casos extremos, algunos estudiantes cometen suicidio para escapar de esta angustia. Un profesor debe tener en cuenta esta necesidad primaria como la primera señal de la indisciplina puesto que fracasar en el colegio es algo traumatizante.

7. *Eliminación de deshechos.-* Esta necesidad se refiere al uso y falta de uso del baño. La causa de los problemas relacionados al uso del baño pueden variar. Algunos estudiantes son tímidos y por lo tanto, no se atreven a pedir permiso para ir al baño. Otros, puede que no quieran usar el baño porque no hay privacidad. Además, si los baños son el lugar frecuentado por los estudiantes "problema" o las pandillas, algunos estudiantes se sienten temerosos de ir o tener que pasar por allí.

Es así como, habiendo conocido y entendido la importancia que tienen las necesidades primarias de los estudiantes, usted podrá identificar las posibles causas del mal comportamiento. Por otra parte, a continuación, presentaré nueve de las categorías de estudiantes indisciplinados que considero son las más comunes en clase y que están respectivamente clasificadas según las actitudes y acciones del estudiante tanto en casa como en el colegio. Estos indicadores le facilitarán en alguna medida, el proceso de identificación y de adecuada aplicación de las estrategias de disciplina.

1.   *El estudiante que le gusta llamar la atención*

- Habla fuerte.
- Responde negativamente a la autoridad.
- Trata de imponer su estilo en otros grupos de estudiantes.
- Con frecuencia llega tarde a clase.
- Tarda mucho tiempo para tener su material de trabajo listo o para entregar las tareas.
- Con frecuencia, está fuera de su puesto.
- Molesta a otros estudiantes.
- Usualmente hace preguntas innecesarias.
- Trata de ser inconforme para poder llamar la atención.
- Dice las palabras equivocadas en el momento menos adecuado.
- Con mucha frecuencia, usa vestimentas inusuales o que llaman la atención.
- Puede emplear lenguaje soez.

2.   *El estudiante "patán"*

- Empuja a las personas que están cerca de él.
- Amenaza constantemente a los demás.
- Tiene mal temperamento, y generalmente, mala cara. Le gusta hacer alarde de su fuerza en voz alta.
- Es extremadamente negativo. También tiene un auto-concepto muy mediocre. Como resultado, se vuelve agresivo con otras personas a la primera intención de pelea.
- Habla a escondidas de la autoridad. Con frecuencia, lo hace en voz alta para contar lo que planea hacer.
- Normalmente, presenta problemas de aprendizaje.
- Emplea la agresión física, pero generalmente, lo hace fuera de clase. En clase, expresa amenazas verbales de lo que hará cuando ésta se termine.
- Si expresa sus sentimientos, lo puede hacer de manera agresiva.
- Degrada y humilla a los demás públicamente.
- Es por lo general muy solitario, o con pocos amigos, o líder de una pandilla. Aquellos que se unen a las pandillas se identifican con los patanes o fastidiosos para poder intimidar a otros.
- Responde negativa y físicamente a toda interacción.

- Busca los problemas.
- Sus padres pueden ser promotores de peleas.

3. *El estudiante que le gusta poner quejas*

- Se queja y llora por las situaciones, lo mismo que por las cosas que él tiene que hacer. Actúa como si tuviera un complejo de persecución.
- Es muy perezoso.
- No porta los materiales o trae las tareas, y siempre tiene excusas.
- Debido a su falta de auto-motivación, emplea las quejas a manera de racionalización.
- En repetidas ocasiones, señala los errores y debilidades de los demás en un intento por salir de lo que está haciendo y de alimentar su propio ego.
- Busca llamar la atención con comentarios tales como: *Yo nunca paso de primeras, –No veo por qué yo tengo que hacerlo si nadie más lo hace.*
- Actúa como si fuera el único que hiciera algo; pero en realidad, hace muy poco aparte de quejarse.
- Con frecuencia está muy aburrido.
- Argumenta y cuestiona al momento de tomar decisiones, definir normas, o de establecer plazos.
- Muestra irritabilidad en el momento en que no le funciona una excusa.
- Generalmente hablando, tiene°n mediocre auto-concepto, y los compañeros no le tienen mucha estima.
- Busca llamar la atención quejándose.
- Puede usar respuestas repetidas como: *Yo nunca puedo descansar,* o *Usted siempre me llama la atención a mí.*

4. *El estudiante que le gusta interrumpir*

- Hace comentarios, da opiniones, o realiza preguntas que salen totalmente del tema de clase.
- Fastidia e importuna a los demás.
- Refunfuña, hace ruidos y comentarios mal intencionados.
- Se ríe y habla en momentos inapropiados.

- En efecto, pide un cambio de tema; y hace una escena si se le niega.

5. *El estudiante que le gusta hablar mucho*

- Hablador compulsivo. Le encanta hablar, y se dedica a practicarlo con uno y con todos constantemente.
- Le habla al profesor(a) o a los otros compañeros continuamente.
- Incluso, puede hablarse a sí mismo.
- Hace comentarios irrelevantes, en momentos inapropiados.
- Presenta deficiencias para escuchar.
- Con frecuencia, no se da cuenta de qué está hablando.
- Cuando el profesor(a) lo corrige, éste dice: *Yo no estaba hablando con él, él me estaba hablando a mí.*
- Tiene un corto período de atención.
- Desea y anhela que le presten atención.
- Le falta interés y está muy poco motivado.
- No se prepara para la clase y muy rara vez, hace el trabajo de clase completo o con cuidado.

6. *El estudiante que le gusta molestar*

- En repetidas ocasiones hace comentario a expensas de otros, supuestamente, con un espíritu de buen humor.
- Espera que la persona a quien molesta responda de manera buena y puede incluso reírse de lo inteligente de sus comentarios.
- Busca temas dolorosos o de mucha sensibilidad con los cuales molesta a los demás.
- Con frecuencia, fastidia a los compañeros por tener sobrepeso o ser muy delgados y lo hace en público.
- Con frecuencia, molesta a los estudiantes discapacitados.
- Ofende a los compañeros por la manera como ellos se visten.
- Maltrata a sus compañeros por la falta de habilidades físicas.
- Molestar a sus compañeros por sus nombres.
- Molestar a algunos compañeros por su apariencia física.
- Molestar a algunos compañeros por la manera como ellos viven.
- Puede encontrar fácilmente el punto débil de la personalidad de otros.

7.   *El estudiante que le gusta llegar tarde*

- El último en hacer todo; el último en llegar a clase, el último de la fila, el último en alistar sus materiales.
- Se atrasa con respecto a toda la clase, sin importar el tipo de actividad.
- Siempre hace como si estuviera de afán- y actúa extremadamente sincero en tratar de hacer las cosas.
- Paradójicamente, se quejará de haber "estado muy ocupado" que no pudo llegar a tiempo.
- Cuando llega tarde, puede entrar a clase en silencio, apenado- o haciendo mucho ruido para llamar la atención.
- Es probable que sea totalmente desorganizado.
- Vive una vida desorganizada en la casa. Sorprende saber cómo muchos no tienen una hora de comida asignada.
- Como resultado de esa desorganización, siempre está atrasado en los trabajos de clase, aún cuando tenga un buen potencial intelectual.

8.   *El estudiante que le gusta pasar por "angelito"*

- Juega el juego de ser perfecto con los adultos. Muestra actitudes y acciones en caso y/o en el colegio que lo proyectan como perfecto, cuando en realidad, no lo es.
- Le dice a la gente exactamente lo que ellos quieren oír.
- Es perfecto en presencia de la autoridad. No es tan perfecto en ausencia de ésta.
- Con frecuencia, regaña a los compañeros en presencia de otros.
- Defensivo y herido cuando se le confronta.
- Promueve las reglas, pero niega haber roto alguna- alguna vez.
- Siempre alude a la inocencia, en pensamientos y en actos.
- En algunas situaciones, actúa de manera ingenua si se le confronta.
- Llega a extremos para mostrar qué tan bueno es.
- Le gusta ver a los compañeros castigados.

9.   *El estudiante "payaso" de la clase*

- Interrumpe la clase constantemente con comentarios chistosos.
- Hará o dirá cualquier cosa para llamar la atención de todos.
- Tiene una respuesta inteligente para todo lo que pasa.
- Puede inclusive disfrutar de la atención de ser regañado.
- En realidad es divertido algunas veces. Ésta es una realidad que el profesor no debe desconocer.
- Puede ser tanto un estudiante malo, como uno muy bueno.
- No termina sus bromas hasta que le presten atención.
- Puede ser popular y sociable.
- Física y mentalmente activo.
- Es con frecuencia, emocionalmente inmaduro.
- Molesta a otros compañeros tocando, agarrando, etc.
- No es realmente un líder.
- Se encuentra tan ocupado que no puede terminar el trabajo en clase.
- Con conciencia muy pobre.
- "Payasea" para poder tapar lo que no puede hacer.
- Puede ser hiperactivo.
- Trata de no ser serio. Saca un chiste de todo.
- Es muy inseguro.
- Con frecuencia no está preparado para clase; no trae los libros u objetos de trabajo a clase.

A continuación, describiré las diferentes estrategias y recomendaciones que según los educadores y psicólogos norteamericanos Ronald L Partin y James D. Long (1985- 1987) sirven para establecer un estándar de comportamiento y de interacción con los estudiantes definiendo en primer lugar algunas reglas o normas de conducta. Le aconsejo que intente aplicarlas una a una hasta lograr un nivel de comportamiento que se ajuste a sus expectativas. Todas ellas serán muy útiles y beneficiarán significativamente su proceso de enseñanza al igual que los resultados académicos.

- Algunos profesores prefieren involucrar a los estudiantes en el proceso de establecer reglas el primer día de clase. Es una herramienta muy efectiva para que los estudiantes se comprometan a cumplirlas.

- Los profesores más efectivos establecen pocas reglas pero enunciadas de manera positiva. Estas podrían ser:

    – Pedir permiso antes de usar las cosas de los demás.
    – Traer los materiales y libros a clase.
    – Solamente una persona a la vez debe hablar.
    – Siempre llegar puntual a clase.
    – Completar y entregar todos los trabajos.
    – Respetar el derecho de los demás.

- Establezca un máximo de cinco a siete reglas de clase. Muchas clases funcionan muy bien con sólo tres o cuatro reglas.
- Es importante establecer su propia lista de reglas, basadas en sus necesidades y en su experiencia, en la madurez de sus estudiantes y en el ambiente del colegio.
- No trate de cubrir cada uno de los malos comportamiento; no está escribiendo un código penal. Por otra parte, no sea muy vago en la descripción de la norma haciendo que nadie entienda claramente lo que significa. (Por ejemplo; "ser respetuoso")
- Cuando las reglas se dan de manera positiva, es mayor la motivación para cumplirlas. En lo posible, transmita lo que usted quiere que pase y no trate de hacer una lista de todos los posibles malos comportamientos. A comienzo de año, sostenga una discusión con los estudiantes sobre sus derechos en clase. Pídales que le den algunas ideas sobre cual sería un "derecho" con el cual todos estén de acuerdo. Por ejemplo; el derecho a cometer errores, o el derecho a expresar sus propias opiniones. También enfoque la discusión en la responsabilidad que debe acompañar a ese derecho (ejemplo: la responsabilidad de aprender de nuestros errores).
- Haga una cartelera o permita que uno de sus estudiantes voluntarios la haga con la lista de reglas de clase y póngala en un lugar de fácil visibilidad para que todos los estudiantes las recuerden constantemente. Es de vital importancia que cada estudiante conozca estas reglas.
- No tiene ningún sentido establecer normas si usted no tiene un plan para que se cumplan. Su plan debe, de alguna manera, motivar y reforzar a los educandos para que las cumplan lo mismo que cualquier castigo o consecuencia para aquellos que decidan no cumplirlas.

- Si considera necesario agregar una nueva regla, puede hacerlo en el transcurso del año. El Doctor Harry Wong, experto educador norteamericano, sugiere reemplazar una vieja norma por una nueva. La vieja puede convertirse en una regla o expectativa "no escrita".

- Permita que los estudiantes jueguen papeles de escenas en donde se violan normas. Presente diferentes situaciones hipotéticas para que pequeños grupos o estudiantes voluntarios las recreen. Motívelos a resolver los dilemas practicando un comportamiento que no rompa las reglas. Ellos aprenden viendo que los otros responden de manera apropiada y practicando comportamientos responsables. Algunos ejemplos pueden incluir las siguientes situaciones:

  1. Lucas pide copiarse de tu tarea para él entregarla como si fuese suya.
  2. Juanita se tropieza y accidentalmente te empuja por detrás.
  3. Nicolás se resbala en un piso mojado y se cae en el momento en que regresa de sacarle punta al lápiz. Los demás compañeros comienzan a reírse de él y a ponerle apodos.
  4. Nicolás comienza una discusión sobre quien está primero en la fila.
  5. El estudiante que está sentado detrás de ti comienza a molestarte con el lápiz.

- Las rutinas y procedimientos de la clase que usted establezca al comienzo del año transmiten sus expectativas. Ellas te ayudan a que las cosas se hagan de manera ordenada.

Recomendaciones

- Es importante invertir en la construcción de relaciones desde un comienzo. Esto no quiere decir que tratemos de ser sus mejores amigos pero sí de tratar a cada estudiante con dignidad y respeto. Muestre interés en sus vidas cuando converse con ellos antes y después de clase. Seguro que toma tiempo, pero mucho del éxito del profesor radica en el tipo de relación que establezca con los estudiantes. De esta forma, es muy posible que ellos perdonen todos tus errores y no los capitalicen.

- Espere ser evaluado(a) por algunos estudiantes para determinar los límites de comportamiento aceptable y su capacidad de respuesta. Mientras que esas pruebas son por lo general pequeñas infracciones (secreteo, paso de notas a los compañeros, etc.), constituyen un reto para el manejo de su clase. Es esencial reaccionar inmediatamente, de manera calmada y adecuadamente a estas infracciones, pero es vital no sobreactuar.

- Mantenga a todos los estudiantes centrados en su trabajo. La mayoría de los problemas de disciplina no ocurren cuando los estudiantes están ocupados sino, por el contrario, cuando no tienen una tarea asignada o cuando la profesora interrumpe la clase porque no tiene el material de trabajo listo. Es importante, entonces, que el profesor mantenga la atención de cada uno de los estudiantes muy rápidamente para continuar con el ritmo de la clase luego de una interrupción. Hay que poner mucha atención en la manera como se hace una transición de una actividad a otra de manera ordenada.

- Puede sonar "cliché", pero la mejor manera de prevenir el mal comportamiento en clase es permitiendo a los estudiantes tener experiencias de aprendizaje interesantes, rápidas, y organizadas, en especial, experiencias que comprometan al estudiante en el tema. Un tema aburrido es una invitación a la indisciplina.

- Asegúrese de que sus reglas y expectativas estén concretas, enúncielas de manera corta, clara y con aire positivo; revíselas periódicamente. No asuma que los estudiantes van a adivinar exactamente lo que usted espera de ellos. Así mismo, desarrolle altas expectativas de sus estudiantes, de sus logros académicos, al igual que de su conducta en clase.

- Es mejor tener pocas reglas de clase que muchas. Recuerde que usted tiene que hacerlas cumplir. Usted tiene el derecho de ejercer control de su clase, sin volverse obsesivo(a).

- Induzca al estudiante a decidir cuál es la acción correcta dándole ejemplos relacionados con situaciones de la vida real. Ejemplo: *Si tú tocas con la lengua un metal en un día frío, tu lengua se puede congelar. David, el pegante se seca a menos que le pongas nuevamente la tapa. Los transportadores son para medir ángulos, no para jugar frisbee.*

- Evite confrontaciones innecesarias al frente de los compañeros. Usted casi siempre va a perder al final. En cuanto sea posible, llámeles la atención en privado.

- Mantenga sus ojos en movimiento. El contacto visual es su mejor herramienta para mantener el control de la clase y poder visualizar el salón completamente al menos una vez por minuto o menos. En realidad, usted no tiene contacto visual directo con cada uno de los estudiantes cada minuto, pero por lo menos enfóquese en grupos de cuatro o cinco estudiantes a la vez. Sostenga la mirada por cuatro o cinco segundos y luego siga hacia otro grupo. Recuerde que la mayoría de los profesores tienen contacto visual con los estudiantes que se sientan en las esquinas más lejanas del salón, y que es exactamente donde los niños indisciplinados buscan sentarse.

- Practique el principio de "escalonamiento". Esto quiere decir que no persiga una mosca con un bate de *baseball*; si tiene un problema pequeño utilice una herramienta pequeña. Si su estrategia inicial no funciona, puede escalar a una más potente. Siempre puede subir, pero nunca baje el nivel de estrategia. El contacto directo con la mirada es tal vez el nivel más bajo de reto. Si el estudiante no corrige su comportamiento entonces, avance un paso, tal vez acercándose hacia donde está el niño(a) y permaneciendo de pié cerca de él (ella). Todo esto puede ocurrir mientras usted continúa dictando la clase al resto de los estudiantes, sin dirigir la atención de todos los estudiantes hacia el estudiante indisciplinado.

- Utilice el poder del silencio. Siga sus directrices de comportamiento sin necesidad de hacer pausa mientras mantiene el contacto directo visual. El silencio es poderoso, empléelo de manera constructiva. Después de cada instrucción de comportamiento es una buena idea hacer una pausa y respirar profundamente dos veces. No solamente da tiempo a que se cumpla, sino que la respiración también le ayuda a permanecer calmado(a). Usted no quiere transmitir ni miedo ni hostilidad. Si debe escalar al siguiente nivel de confrontación, vuelva a hacer una pausa y respire dos veces. No diga sino lo absolutamente necesario. Evite degradar al estudiante. Sólo va a lograr que se genere un resentimiento y que se cree simpatía por el transgresor en todo el resto de la clase.

- No sobreactúe. Cuando usted pierde la compostura frente a la clase, ellos, y no usted, tienen el control de su comportamiento. Algunos estudiantes lo probarán para descubrir cuáles son sus "puntos débiles", cuáles comportamientos le hacen perder el control. Cuando corrija el comportamiento de un estudiante, no insista demasiado.

- Desarrolle la escucha selectiva. Aprenda a ignorar algunas infracciones menores, particularmente cuando usted sospeche que el motivo del estudiante es el de animarlo a un enfrentamiento. Incluso los arranques potencialmente dañinos y destructores deben ser controlados. Incluso las cosas que se ignoran dentro de la clase pueden ser tratadas después de ésta. Ésta es una manera de ganar tiempo si usted no se siente seguro(a) de lo que debe hacer para corregir este comportamiento.

- Divida y conquiste. Si tiene dos o tres personas que están sentadas juntas una a la otra, y frecuentemente interrumpen la clase, reorganice la posición de las sillas para separar a los estudiantes indisciplinados. Algunas veces, esto se puede hacer de manera sutil sin que ellos noten su intención.

- Las llamadas de atención silenciosas son más efectivas que aquellas que se hacen en voz alta. Es una realidad, evite gritar a los estudiantes, esto revela falta de control. Sin embargo, su tono de voz y sus señales deben ser congruentes. Si su lenguaje corporal no es nada asertivo, los estudiantes recibirán un mensaje equivocado sobre su seriedad.

- Cuando usted comente sobre el comportamiento de un estudiante, aclare que usted encuentra el comportamiento, y no el estudiante, inaceptable. Permanezca firme, incluso compasivo. Si es posible, admire lo que ellos hagan bien, pero motive el mejoramiento en sus comportamientos errados.

- Cuando trabaje con adolescentes, tenga en cuenta que les molesta mucho su actitud de "cantaleta o de conferencia". Cuando usted era estudiante, tampoco le gustaba. Emplee frases muy cortas para corregirles algunos malos comportamientos. Evite darles información que ya es muy obvia para ellos. Puede parecer sarcástico o condescendiente. Por ejemplo: *Andrés, tu maleta.* En vez de: *Siempre estás tan ocupado conversando en clase que nunca tienes tiempo para pensar en lo que tienes que hacer. A veces pienso que vas a olvidar hasta tu cabeza. Por favor, ve y tráela,* trate: *¿En dónde tienes tu cabeza?*

- Conozcan las políticas del colegio. Es importante que tanto los estudiantes como los docentes conozcan el manual de convivencia del colegio y revisen una a una las políticas y reglamentos allí estipulados con respecto a las medidas disciplinarias en caso de una infracción grave (ejemplo; peleas, drogas, alcohol, robo).

- Cuando el estudiante rehusa a escuchar sus comentarios, permanezca en calma y mantenga la puerta de la comunicación abierta. Las siguientes sugerencias pueden ser de gran ayuda para que los estudiantes tengan una actitud de aceptación hacia su llamada de atención por el mal comportamiento:

  - Ofrezca el refuerzo de una manera sugestiva y no absoluta. Por ejemplo, usted podría decir: *Has notado últimamente que..? – Me pregunto si tú has pensado en que...?*

  - Si el estudiante toma una actitud defensiva, absténgase usted de ser también defensivo(a). Pare de hablar y escuche. Podría hacer un comentario como: *Te sorprende que yo esté diciendo esto, – Te molesta que esté dando esta información.* Esta manera de abordarlo podría ayudar a que el estudiante entienda que usted siente su frustración y así, puede permitir que se le haga otro refuerzo más tarde.

  - Dé un refuerzo preciso. Hable de la frecuencia con que usted ha observado el comportamiento en vez de atacar al individuo. Por ejemplo, usted podría decir: "Me di cuenta que tuviste tres peleas hoy" en vez de decir, "Tú siempre estás peleando con alguien."

  - Trate de dar un refuerzo positivo adicionalmente al negativo. Siempre comience y termine con un comentario positivo.

  - El refuerzo tiene un límite. No recargue al estudiante recordándole sus errores pasados. Ajústese solamente a lo presente pues los comentarios inoportunos lo único que hacen es generar un resentimiento por parte del estudiante.

- Utilice los premios de manera efectiva. Darle premios como estrellas, adhesivos, caras felices o trofeos no siempre funciona cuando se trata de cambiar un mal comportamiento. Aunque estos premios le dan al niño un refuerzo positivo, pueden desviar la atención tanto del estudiante como de la profesora del contenido del tema o trabajo de clase. Los premios sólo funcionan si el estudiante se fija exclusivamente en ellos. Si ellos solamente se dedican a mirar el premio, sólo tienen ojo para esto y no toda su atención y concentración para seguir en su trabajo.

- Ejerza autoridad calmada. Puede establecer clara y respetuosamente lo que usted espera que los estudiantes hagan cuando se presente una situación determinada. Por ejemplo, cuando se reparten los materiales de trabajo, para evitar que todos peleen a la vez, usted puede sugerir de manera firme y calmada algunas frases que pueden usar para pedir los colores, los libros o incluso para pedir un turno. Es importante que refuerce el uso de esas frases diciendo, por ejemplo: *Me gustó mucho cómo usaste esas palabras para pedir el turno en vez de quitárselo a tu compañero de la mano, o, Me sentí feliz de ver cómo sabes compartir.*

- Use los contratos de grupo o individuales para premiar el buen comportamiento, tanto el de disciplina como el académico. Esto se puede hacer de manera informal (ejemplo: *Tan pronto como todos hayamos guardado los materiales en su puesto, saldremos al recreo*), o, de una manera más formal. Incluso, un estudiante que presenta repetidas llamadas de atención y brotes de indisciplina puede firmar un contrato personal con la profesora. Existen varios formatos diseñados que pueden conseguirse en libros de educación o simplemente, usted puede diseñarlos a su manera. Es importante, sin embargo, que el estudiante lo lea y firme para que sienta un compromiso más serio con el profesor(a). Estos contratos escritos pueden ir a la hoja de vida del estudiante. Se pueden acordar el tipo de premios que obtendrán si cumplen con el contrato, por ejemplo tiempo libre para jugar, ninguna tarea para la casa, una salida pedagógica, o un premio especial.

- Cuando utilice los premios, éstos deben ser variados para que tengan efecto positivo. El mismo premio utilizado una y otra vez pierde su valor motivador. La variedad y la novedad son dos ingredientes fundamentales en el refuerzo académico y disciplinario.

- Al comienzo del año escolar desarrolle las rutinas de clase. De manera cuidadosa explique a los estudiantes cómo deben manejar los detalles de las actividades diarias de clase: registrar la asistencia, procedimientos para hacer el trabajo que no se entregó a tiempo, la distribución y recolección de materiales, la salida al baño o al comedor, etc.

- Tenga cuidado al tocar a los estudiantes cuando se encuentren de mal genio. En algunos casos, esto puede ocasionar una respuesta violenta. Además, hay que recordar que existen algunas reglamentaciones que prohiben esta conducta por parte de los docentes.

- Recuerde que ocasionalmente los estudiantes tienen actividades de encubrimiento por ejemplo, taparse la boca para "secretear", esconderse detrás de los pupitres, esconder los libros, etc.). Moverse alrededor del salón de clase es una manera de evitar estas estrategias de grupo.

- Evite los rótulos que encasillan a los estudiantes indisciplinados. Por el contrario, ayúdelos a reconocer que todos cometemos errores, pero que tenemos la responsabilidad de aprender de ellos.

- Evite castigar a toda la clase por culpa del comportamiento de un estudiante. Simplemente, es injusto y así lo percibirán los estudiantes inocentes. Esto sólo hace que toda la clase (y probablemente los padres) se manifieste en contra suya.

- Trate de encontrar maneras razonables para que los estudiantes reciban la atención y aprobación que generalmente buscan con el mal comportamiento. Dé una oportunidad para que ellos se ganen la atención a través del buen comportamiento.

- Siempre tenga un par de actividades adicionales disponibles como rompecabezas o juegos de repaso, los cuales usted puede usar cuando pase lo inesperado (se dañó el proyector, algún visitante toca la puerta, o un estudiante se enferma en clase), o cuando los estudiantes completan sus trabajos o evaluaciones primero que los demás.

- No se apresure a enviar a los estudiantes a la oficina del rector o a llamar a sus padres. Si lo hace muy frecuentemente quiere decir que usted tiene problema con el manejo de clase. Solamente involucre a los demás en casos demasiado graves.

- No saque a los estudiantes indisciplinados al hall como castigo, para muchos estudiantes, el hall es un lugar muy emocionante para estar, especialmente si la clase está aburrida. Se ha comprobado que esta estrategia no tiene el mismo efecto para todos los casos de indisciplina. Ésta funciona bien en casos de agresión, explosiones de ira, o cuando el resto de la clase apoya un mal comportamiento.

- En caso de problemas serios y persistentes con un estudiante, utilice la charla en privado con el estudiante. Explique de manera no acusatoria lo que exactamente usted encuentra inapropiado de su comportamiento y por qué. Evite atacar verbalmente al estudiante y escuche su punto de vista. Motívelos a diseñar un plan para corregir su comportamiento en el futuro y comprometerse a cumplirlo. Razonar con el estudiante es la mejor manera de enseñarle disciplina.

- Si se siente desesperada(o) por el comportamiento retador de un estudiante no tema en consultar otros profesionales; su director(a), otros profesores(as), el psicólogo(a), o consejero(a). Es muy probable que ellos ya hayan vivido y superado la misma situación y su opinión sea muy valiosa. Aprenda de los fracasos y triunfos de los demás. Un beneficio adicional es que ellos se van a sentir alagados porque usted les pidió un consejo.

- Manifieste la importancia que tiene la aprobación de los compañeros. En una conversación que usted sostenga en clase con sus estudiantes, podría plantearles los siguientes interrogantes los cuales harán que ellos le colaboren con el manejo de la indisciplina en clase. Preguntas tales como: "¿Por qué algunos estudiantes rompen las normas cuando lo único que consiguen es meterse en problemas?, ¿Qué pasaría si nadie prestara atención cuando estos estudiantes tuvieran brotes de indisciplina?, ¿Cómo pueden ayudarse los compañeros unos a otros para mejorar académicamente?" La mayoría de estudiantes van a entender entonces, que la atención de sus compañeros generalmente motiva el comportamiento indeseable. Por otro lado, entenderán que demostrar aprobación por un comportamiento adecuado tendrá un impacto positivo sobre toda la clase. Por supuesto que el profesor(a) debe motivar a los estudiantes a usar la aprobación del comportamiento de sus compañeros de una manera sensata.

- Propicie un buen ambiente de aprendizaje. Es importante crear un ambiente de clase que facilite el aprendizaje. Para lograr esto, debe en primer lugar responder estas dos importantes preguntas: "¿Qué tipo de ambiente emocional es más benéfico para obtener el comportamiento social y académico deseados?", y "¿Cómo debo organizar el ambiente físico de clase para que sea cómodo y motive a la participación activa de los estudiantes en el proceso de aprendizaje?" Dedique un tiempo extra para organizar el salón de clase de manera eficaz. El arreglo físico puede afectar el comportamiento y el aprendizaje de los estudiantes. La ubicación de los pupitres, bibliotecas, o cajones pueden dirigir el flujo de tráfico, la interacción con los estudiantes, el nivel de ruido, la atención y la indisciplina. Adicionalmente, se ha comprobado que la música puede ayudar al aprendizaje. Inténtelo.

- Cuando un estudiante está molestando a otro durante la clase, usted puede manejarlos a ambos. Pero si esto ocurre después de clase, en el bus escolar, o en la casa, puede enseñarle al niño que es agredido cómo reaccionar, o cómo no reaccionar, así: ignore lo que le dicen, retírese, distráigase con otro evento, o únase a la burla.

- Envíe notas para prevenir el mal comportamiento del estudiante. Recuerde que es una nota privada y que debe tener cuidado con sus palabras. Hay diferentes tipos de notas, por ejemplo, puede usar mensajes con algo de humor, ofreciendo ayuda, o cuando ya el niño ha cometido el error.

Para mejorar el comportamiento de estudiantes adolescentes es importante tratar las diferentes estrategias posibles que se ajusten a su edad, buscando siempre construir en ellos un poder de control interior sobre su comportamiento. Se convierten entonces, en "pensadores" de la auto-disciplina en vez de "malhechores". En pocas palabras, usted tiene la opción de implementar cualquiera de las siguientes estrategias:

- Dar información relacionada con el mundo real.
- Usar frases cortas.
- Describir el problema.
- Describir cómo se siente usted.
- Enviar un mensaje.

Estas técnicas disciplinarias evitan que usted genere en los estudiantes un sentimiento de vergüenza o auto-imagen negativa, evita las acusaciones y los señalamientos por parte suya y de los demás estudiantes, las excusas y actitudes defensivas, la necesidad de pedir posteriormente excusas, ayuda a que todos se enfoquen en lo que se debe hacer. Igualmente, los motiva a pensar en la información limitada que les da, a identificar el problema, a buscar una solución, y a ejercer su propia iniciativa y a resolver el problema.

> *Un niño indisciplinado <u>no</u> es un niño feliz.*
> *Muchas veces se sienten perplejos, perdidos e incluso*
> *asustados porque nunca saben cuáles son sus límites*

Algunas ideas creativas

- Motive a sus estudiantes a que mantengan un excelente comportamiento a través de una rifa. Al final de cada día de clases, dé a cada estudiante una tira de papel en la cual él(ella) escribe su nombre en la parte superior. Pídales que piensen en su comportamiento durante el día. Si un estudiante siente que ha tenido un día ejemplar, éste(a) dibuja una cara feliz en su tira de papel. Recoja y guarde todas las tiras de papel y ponga aquellas que tienen cara feliz en una caja grande. Repita el procedimiento durante varios días; luego retire un número deseado de papeles de la caja y premie a cada estudiante ganador con un pequeño regalo.
- Acentúe los logros positivos de un estudiante con este plan de comportamiento. Todos los días, entregue al estudiante que necesite atención adicional una tira de cartulina con el siguiente formato:

<u>ANITA</u>

Tarjeta de Huecos

Comentarios:

¡Hoy, Anita ha tenido un gran día!

Firma:___________

En el espacio que está en blanco, usted le abre un hueco con la perforadora cuando el niño se ha portado bien. Al final del día, escriba un pequeño mensaje describiendo los logros del estudiante y fírmelo. Luego, permita que el estudiante lo lleve a su casa para que toda la familia lo vea.

- Ayude a los estudiantes a llevar un control de su comportamiento con esta actividad semanal de determinar objetivos. Entregue a cada estudiante una copia con el siguiente formato:

Hoja de objetivos de ______________________________

(Nombre del estudiante)

Objetivos	L	M	M	J	V
1.					
2.					
3.					

No. De estrellas ganadas esta semana

- Ayúdese de un tablero reutilizable para dar reconocimiento a los estudiantes que han demostrado un buen progreso académico y de convivencia. Para realizar este tablero, programe una cartulina tamaño póster con el título *¡Aplausos, Aplausos!* ; luego, cubra la cartelera con papel adhesivo transparente. Cuélguela o péguela fuera del salón de clase. Al final del día, utilice un marcador de tinta borrable para escribir un mensaje (o mensajes) sobre ésta a manera de reconocimiento por el buen comportamiento o cumplimiento de normas de sus estudiantes. Cuando los estudiantes regresen al siguiente día, un comentario positivo los estará esperando. Puede usar un trapo húmedo para limpiar el mensaje y escribir uno nuevo.
- Otra idea amorosa que rondará por su clase todo el año. Cubra un tablero de corcho con papel silueta de color y póngale el

título: *Notas de amor*. Al final del día, escoja cinco de los estudiantes a quienes usted les quiere dar un reconocimiento por su esfuerzo, comportamiento, o buena convivencia. Realice un corazón en cartulina con un mensaje especial para cada uno de ellos. Luego, pegue los mensajes con un *pin* sobre el tablero de manera ordenada. Cuando los estudiantes regresen al siguiente día, observan el tablero y retiran su nota de "amor" dirigida a ellos. ¡Una linda idea para comenzar el día!

- A través del año escolar, sostenga una reunión con los estudiantes cada dos semanas. Para cada reunión, seleccione un voluntario diferente para que le sirva de secretario. Éste será responsable de tomar notas sobre todos los problemas o inquietudes, y los éxitos expresados por usted y el resto de la clase. Enfatice la importancia de no mencionar los nombres de los compañeros durante esta reunión. Luego, escriba los éxitos de los estudiantes que fueron descritos sobre una cartulina. En otra cartulina, escriba los problemas – y posibles soluciones a estos problemas que fueron discutidos. Pegue ambas carteleras en lugares visibles del salón de clase. Quién sabe..., ¡es posible que en la siguiente reunión, los problemas pasen a ser éxitos!

- Aquí tiene una grandiosa idea para mantener el ruido de la clase al mínimo. Traiga un oso de peluche al colegio. Explique a los estudiantes que el oso solamente visitará a los estudiantes que estén en silencio. Luego, cuando usted observe a un estudiante (o grupo de estudiantes) que estén trabajando en silencio, ponga el oso sobre su pupitre. Es probable que se sienta un silencio total durante la clase que su oso tendrá que visitar los pupitres de otros estudiantes.

- ¿Se siente confundido acerca de lo que debe hacer cuando detecta a un estudiante portándose bien? Recompénselo con una ficha de rompecabezas. Arme con anterioridad un rompecabezas. Luego, comenzando con las fichas del borde y siguiendo con las de adentro, voltee cada una de ellas y enumérelas al respaldo. Ponga cada pieza del rompecabezas en el sobre correspondiente que ha sido marcado con el número de cada ficha; luego, ponga los sobres en una caja en orden numérico. Cuando vea a un estudiante que se está comportando bien, entréguele un sobre. Durante el día de clases, repita este proceso para cada estudiante a quien usted desea reconocer por su buen comportamiento- teniendo cuidado de repartirlos en secuencia. Al final del día, deje unos minutos disponibles para que los estudiantes trabajen juntos armando el rompecabezas con todas sus piezas. Repita este proceso hasta que todas las fichas hayan sido distribuidas. Finalmente, cuando el rompecabezas esté terminado, negocie con los estudiantes el premio que les gustaría recibir.

- Utilice esta linda idea. Realice un libro de *stickers* para poner aquellos que se han ganado por buen comportamiento. Doble medio octavo de cartulina por el medio formando la cubierta del libro. Luego pegue con ganchos de grapadora algunas hojas en blanco del tamaño correspondiente. Marque previamente cada uno de los libros *Libro de Stickers de___(nombre del estudiante)___* en la portada superior. Cada vez que un estudiante gane un "sticker", motívelo a que lo pegue en su libro. Cuando el estudiante mire el libro, recordará todas las cosas positivas que ha hecho en clase. ¡Es una excelente manera de hacer que los niños cumplan las reglas!

- Construya una cadena de papel para el buen comportamiento. Corte previamente bastantes tiras de cartulina de colores, forme aros y vaya pegando uno con otro, y cuélguelos en un sitio visible del salón de clase. Cada vez que vea a sus estudiantes comportándose bien o siguiendo las reglas de clase, agregue un aro más a la cadena. Cuando los estudiantes hayan ganado un número determinado de eslabones, recompénselos con una fiesta donde coman palomitas de maíz u otra cosa de su agrado.

- ¡Este es un rompecabezas que los niños disfrutarán mucho desarmando- en vez de armar! Para hacer el rompecabezas, recorte dos formas de cartulina con un solo tema; luego, lamine estas formas para mayor durabilidad. Programe y marque una de las formas con un premio *fiesta con helado ó 10 minutos extras de recreo.* Sobre el otro molde, marque diferentes formas de fichas con un marcador permanente, enumérelas y recórtelas. Luego, ponga cinta de enmascarar al respaldo de cada ficha y péguelas sobre la primera forma haciendo de manera correcta el rompecabezas. Exhiba este rompecabezas en un lugar visible del salón de clase. Cada vez que sus estudiantes estén demostrando un buen comportamiento que usted quiera reforzar, permita que un estudiante retire una pieza del rompecabezas. En tanto que las fichas se van retirando por buen comportamiento, se comienza a revelar el premio. Cuando ya no quedan más fichas por retirar, haga planes para acordar con los estudiantes el premio que desean.

- Enfoquemos el comportamiento estelar de los estudiantes con un *balde de estudiantes estrella*. Cada vez que usted vea a un estudiante exhibiendo un comportamiento adecuado, haga que éste escriba su nombre en una estrella grande (previamente recortada por usted) y deposítela dentro de un balde. Repita este proceso durante todos los días por una semana completa. Luego, al finalizar la semana, retire del balde un número determinado de estrellas. Permita que cada uno de los estudiantes ganadores elija un objeto donado, como un lápiz, un borrador o cualquier pequeño detalle de un mínimo valor comercial que usted tenga previamente guardado en una bolsa plástica. Luego, desocupe el balde nuevamente y repita todo el proceso completo durante la siguiente semana.

- Si usted ha dado instrucciones a sus estudiantes, pero algunos de ellos no las están cumpliendo, trate de presentarlas diciéndolas de otra manera. Por ejemplo, usted podría decir *Miren alrededor del salón y encuentren a los estudiantes que tengan sus libros afuera y están listos para hacer la fila y salir a la biblioteca. Esos estudiantes son buenos ejemplos de excelentes escuchas.* ¡Qué manera tan placentera y efectiva de lograr resultados positivos!

- ¿Está buscando una manera fácil y rápida de lograr los resultados deseados de los estudiantes? Localice a un estudiante que esté exhibiendo un comportamiento adecuado; luego, exprese en voz alta al resto de la clase. Los otros estudiantes querrán emular el comportamiento de ese buen estudiante, y antes de que usted lo note, usted ha logrado lo que quería. *Sólo observen qué bien coge las tijeras Juanito.*

Es probable que usted nunca tenga la necesidad de usar todas estas estrategias y actividades descritas aquí; sin embargo, conocerlas le da una base para saber cuál debe implementar y cuál le funciona mejor. Por otra parte, debe darse cuenta que los frecuentes brotes de indisciplina pueden ser un indicador de que es necesario realizar algunos cambios en su estrategia de manejo de clase, o que tal vez, no ha identificado claramente cuál es la necesidad primaria que los estudiantes indisciplinados quieren suplir. Es posible, también que el programa académico necesite un ajuste, o quizás debe examinar si los estudiantes están siendo lo suficientemente reforzados por su buen comportamiento. Es por esto, que las recomendaciones que le he dado en este capítulo pueden convertirse en su manual de consulta diaria en casos de difícil manejo del comportamiento. No debe desesperarse, pues siempre existe una idea que funciona, que le brinda un descanso y que le previene tanto del desgaste físico como del emocional. Finalmente, es importante saber que muchos colegios han tratado hasta lo imposible, desde el refuerzo positivo hasta la suspensión de clase, sólo para descubrir que algún estudiante ocasional no responde a ninguna de estas estrategias. En algunos casos, el personal de la institución educativa puede concluir que los intereses de cada uno de los estudiantes (incluyendo al "malhechor") son mejor atendidos si se retiran del colegio y se ponen en manos de otras personas o instituciones especializadas. Habrá fracasos; pero la influencia que ejerce el docente en estos casos, es de mucho valor.

Manteniendo buenas relaciones con los demás

Lo que nos lleva a mejorar en nuestro trabajo y a sentirnos satisfechos como educadores, es mantener buenas relaciones con los demás. Es decir, que debemos, en lo posible, entender las necesidades de quienes nos rodean y buscar suplirlas a través de una constante actitud positiva. Otro factor importante es mirar siempre las cualidades de los estudiantes y compañeros de trabajo. Recordemos que no solamente nuestra tarea educativa tiene que ver con estudiantes y docentes; si no que también están los padres de familia con quienes también debemos mantener una comunicación permanente para dar buen seguimiento al proceso educativo de sus hijos. Para poder lograr esto, es necesario, en primer lugar, enfocarnos en mejorar la manera positiva como los docentes pensamos de nosotros mismos y de los demás manteniendo un balance en el trabajo, en la salud, en lo social y en lo recreativo. Si este balance se logra, va a producirse un cambio importante en nuestra vida tanto personal como profesional y el ambiente escolar va a ser cálido y positivo.

Los seres humanos somos emocionales por naturaleza. Aprendemos a dirigir nuestras necesidades a través de nuestros sentimientos. Es por eso que vale la pena determinar cuáles son nuestros sentimientos y los de los demás que debemos entender y utilizar de manera efectiva. Según el Dr. James D. Sutton (1999), existen cuatro sentimientos básicos que debemos reconocer y aprender a manejar: *miedo, tristeza, alegría y rabia*. Si mantenemos un equilibrio emocional y le enseñamos a nuestros estudiantes a reconocer y mantener un buen equilibrio entre estos sentimientos, es muy posible que podamos llegarles más fácilmente y que ellos sepan enfrentar sus sentimientos cuando estén atravesando por una situación difícil. En consecuencia, ellos no solamente serán competentes en el manejo de sus vidas sino que también nosotros como docentes tendremos menos episodios de indisciplina para resolver en clase.

Así mismo, los seres humanos nos enfrentamos a frustraciones constantemente. Los docentes experimentan diariamente sentimientos de fracaso cuando se trata de lograr todos los objetivos propuestos para el año escolar. Estas frustraciones con frecuencia se convierten bien sea en la base del resentimiento o en la base para tener un mejor manejo de las relaciones interpersonales. Es por eso, que los docentes deben tener mucho cuidado con la manera de establecer los patrones de comportamiento. Su actitud hacia las dificultades será modelo a seguir para los estudiantes. Por ejemplo, es importante tener cuidado con sus reacciones en casos de indisciplina o de maltrato verbal por parte de un estudiante.

¿ Desea mejorar sus relaciones con los estudiantes, compañeros de trabajo y padres de familia? ¿Reconoce que su actitud hacia la comunidad y su comportamiento durante el tiempo laboral no es el mejor para lograr establecer relaciones fuertes y benéficas? Pues bien, a continuación encontrará múltiples sugerencias y actividades prácticas que puede aplicar diariamente en clase y fuera de ella.

Recomendaciones

Algunas de las siguientes recomendaciones son planteadas por el Profesor James D. Long y el Profesor Ronald L. Partin (EEUU-1887-1995), quienes coinciden en su enfoque pedagógico sobre las relaciones interpersonales y el clima escolar acogedor, como la fórmula perfecta para tener éxito en la tarea educativa.

Relaciones con los estudiantes y compañeros de trabajo

- Revise sus emociones. Parte de su trabajo es tener sus propias emociones bajo control de tal forma que usted esté preparado(a) para cualquier cosa que suceda. Una explosión de emociones de parte suya- o incluso, una mínima explosión- no ayudará para nada a mejorar la situación. Naturalmente que unos docentes son más emotivos que otros y por lo tanto, se afectan más fácilmente con las acciones de los alumnos o compañeros de trabajo. Si sus emociones son fáciles de leer, debería buscar practicar el control de sus expresiones o gestos faciales y el tono de su voz para que no permita que sus emociones lo dominen.

- Siempre recuerde el adagio *A los estudiantes no les interesa cuánto sabe usted hasta que ellos sepan cuánto se interesa usted por ellos.* Sólo logramos ser respetados si mostramos respeto; ganamos confianza si confiamos. Propicie un salón de clase que se centre en los estudiantes y no en las áreas de estudio.

- Afirme sus valores. Lo que sentimos de nosotros mismos es lo que vamos a darle a los demás. Es decir, que los individuos deben sentirse bien con ellos mismos para responder positivamente a los demás. ¿Cómo lo podemos lograr?

  - Creyendo en nuestras capacidades.
  - Hablando positivamente de nosotros mismos.
  - Siendo optimistas.
  - Manteniendo un equilibrio en nuestras vidas.
  - Estableciendo objetivos todos los días.
  - Revisando de manera periódica nuestros logros/fortalezas.
  - Uniéndonos a la gente positiva.
  - Reconociendo nuestras faltas y disculpándonos.

- Reconozca el valor de los demás. Al afirmar el valor de los demás estamos aprendiendo a escucharlos, mirando sus cualidades positivas, respondiendo de manera positiva a ellos, y considerando sus frustraciones. Adicionalmente, le sugiero que revise si cumple con lo siguiente:

-     ¿Comparte tiempo con los demás?
-     ¿Evita los rótulos negativos?
-     ¿Admira a los demás más que criticarlos?

- Los colegios tienen mucho más éxito cuando los estudiantes experimentan un sentido de propiedad y de pertenencia. Ambos sentidos se alimentan cuando los educandos tienen algún grado de elección y control sobre sus experiencias diarias. Involucrar a los estudiantes en las decisiones de clase, valorando sus aportes, y respetando las diferencias individuales ayuda a suplir estas necesidades.

- Haga un esfuerzo para conocer las cosas buenas de sus estudiantes. De manera pública o privada, busque siempre la oportunidad de dar a conocer sus logros fuera de clase.

- Trate a todos los estudiantes de manera justa. Mientras que es natural para los docentes el disfrutar la enseñanza con unos estudiantes más que con otros, el favoritismo abierto puede crear un clima de división y resentimiento.

- Esfuércese por ser consistente en el cumplimiento de las reglas, en las evaluaciones, en el trato de los estudiantes. Puesto que unos tenemos días buenos y días malos, la dificultad de predecir las expectativas y respuestas de los docentes es dañina para lograr un ambiente de confianza y respeto.

- Tome tiempo para escuchar a sus estudiantes. No solamente se trata del respeto hacia ellos, sino que también usted puede recibir un refuerzo por parte de ellos que le ayudará a convertirse en un mejor docente. Pida sus opiniones de cómo perciben ellos su clase. Ocasionalmente, invítelos a completar preguntas abiertas de manera anónima, tales como *Lo que más disfruto de esta clase es... o Disfrutaría más esta clase si...*

- Comunique sus expectativas de manera clara, tanto para tareas académicas como para las normas de comportamiento. No haga que sus estudiantes adivinen lo que usted quiere.

- Enseñe a los estudiantes a pensar antes de hablar denotando un control de sí mismos. Muchas veces, de manera inconsciente, los estudiantes dicen cosas que hieren tanto al profesor(a) como a sus compañeros y ellos ni siquiera se dan cuenta de esto. No han aprendido que es importante pensar antes de hablar para evitar hacerle daño a los demás.

- Practique con sus estudiantes el ejercicio del juego para reforzar los conceptos de *perder* y *ganar* como principio básico de la tolerancia. Estos dos sentimientos deben aprenderse a manejar racionalmente sin afectar a los demás.

- Enfatizar el auto-respeto y el respeto por los demás es de vital importancia para lograr un ambiente escolar armónico y de fácil convivencia.

- Un docente con calidad humana comunica a sus estudiantes que espera que todos tengan éxito. Todos los días, bien sea de manera verbal o no verbal, los docentes inadvertidamente debemos comunicar que cada estudiante es capaz, único, y valorado.

- Permítale a sus estudiantes un grado de libertad. Es importante que ellos aprendan a tener control de sus vidas dándoles la oportunidad de escoger. Pueden, por ejemplo, escoger qué tipo de tarea o de actividad de clase prefieren. Adicionalmente, esta oportunidad les va a mejorar su proceso de aprendizaje.

- Trate a los estudiantes de manera delicada y decente. Tratémoslos como hubiéramos querido que nos trataran cuando éramos estudiantes. Se obtienen mejores resultados cuando se habla con amor y con dulzura.

- Planee clases que ofrezcan más oportunidad de participación de los estudiantes y no nos centremos en clases pasivas en donde el docente es el líder de la clase. Busque que las clases sean significativas y con contenidos retadores desde todo punto de vista.

- Tenga cuidado con el ambiente físico del salón de clase. Es importante que los estudiantes vivan su vida escolar dentro de un ambiente cálido que motive sus emociones y sus deseos de aprender. Decoración adecuada para su edad y sus preferencias es una buena idea. Dediquemos tiempo extra para diseñar carteleras o mensajes alusivos a los temas del programa académico, a los valores humanos, y a las normas de clase. Destinemos un espacio en el salón para exhibir los trabajos de los estudiantes o los proyectos de su preferencia. Hay infinito número de ideas para poner en práctica. Sólo se necesita de nuestra creatividad y disponibilidad.

- Mantengamos una actitud de aceptación hacia los demás. No quiere decir que debemos aprobar todo lo que los demás hacen o dicen, pero sí podemos abordarlos sin tener que rechazarlos.

Entendamos que todos los seres humanos son diferentes y debemos aceptarnos unos a otros sabiendo cómo llamarles la atención sin destruirlos.

- Aprobemos y reforcemos los logros de los demás. Muchas veces dejamos pasar de manera inadvertida las cosas buenas que hacen los demás, sin siquiera tomarnos la molestia de mencionar una palabra motivadora. Cada vez que nuestros compañeros de trabajo o nuestros estudiantes tienen comportamientos que contribuyen al buen desarrollo de las clases, debemos mostrar una actitud de cooperación, de interés y de inclusión. Esas palabras positivas reconfortan y mejoran notablemente la autoestima.

- De igual forma, reconozcamos los pequeños logros de aquellos estudiantes que están en un nivel académico intermedio y a quienes con frecuencia ignoramos. Nuestra actitud hacia ellos podría ayudarlos a mejorar sus logros escolares.

- No olvidemos una sonrisa. Este gesto es tan importante como una caricia. Una pequeña sonrisa invita a la alegría y a la aceptación de los demás. Una sonrisa ayuda a relajar el ambiente de trabajo tanto para sus estudiantes como para sus compañeros. Existen otros gestos tan sencillos pero tan efectivos como guiñar un ojo, levantar el dedo pulgar indicando una aprobación o dar una leve palmada en la espalda.

- Busque una oportunidad de asistir a presentaciones artísticas o deportivas de los estudiantes o compañeros de trabajo y hágales saber de manera escrita u oral que estuvieron allí. Esto denota interés por los demás.

- Evite crear un ambiente altamente competitivo tanto entre los estudiantes como entre los compañeros de trabajo. Muchas veces puede ser destructivo e innecesario.

- Recordemos que nuestra influencia sobre la vida de los demás puede ser positiva o negativa. Por lo tanto, tengamos cuidado con las palabras que utilicemos, el tono de voz, y el sarcasmo que puede afectar profundamente la autoestima.

- Esforcémonos por "destacar al estudiante cuando se está portando bien". Con frecuencia ignoramos a los estudiantes hasta que ellos se portan mal, son regañados o castigados. Es mejor darles a conocer lo que están haciendo bien que quedarnos en la crítica de lo que hacen mal.

- Tengamos en cuenta el género y la diversidad cultural que hay entre sus estudiantes y compañeros de trabajo cuando diseñe actividades de grupo. Igualmente, recordemos que las personas que nos rodean pueden pertenecer a diferentes religiones y sus puntos de vista también son válidos.

- Tengamos como objetivo hablar con cada uno de nuestro estudiantes todos los días, aunque sea para brindarles una sonrisa y un saludo en el momento de entrar o salir de clase. Intentemos conocerlos un poco más durante estos cortos encuentros. Esto ayuda a generar simpatía y a descubrir las frustraciones, los retos, los disgustos, y los conflictos por los que atraviesan los estudiantes.

- Cuando un estudiante se encuentre enfermo por un largo período de tiempo, reunámonos con nuestros estudiantes y realicemos una tarjeta permitiendo la creatividad y autenticidad de los mensajes. Incluso, podríamos enviarle un video-cassette.

- El primer día de clases, recibamos a nuestros estudiantes, primero que todo, con una sonrisa en la puerta y luego, con un detalle especial u actividad de integración diseñada para disfrutar el día, de tal forma que se propicie un ambiente de grata bienvenida. Este día no lo olvidarán.

- Destinemos algo de tiempo el primer día para conocer a nuestros estudiantes. Una actividad divertida para romper el hielo, particularmente si se relaciona con nuestra área, puede servirnos de gran ayuda. Una manera de conocer un poco más de nuestros estudiantes es llamando a lista, pero en vez de responder *presente*, hagamos que respondan nombrando su hobby o deporte favorito. Al siguiente día, podemos pedirles que respondan con su canción o comida favorita.

- Una de las mejores maneras de mostrar respeto por nuestros alumnos y ganar el nuestro, es aprendiéndonos sus nombres. Éste debe ser un objetivo primordial para la primera semana de clases, hagamos un gran esfuerzo para usar sus nombres.

- Vistamonos bien todos los días. Esto forma parte de la buena imagen profesional y establece credibilidad. Igualmente, comunica que nosotros valoramos a los estudiantes lo suficientemente que nos esforzamos por lucir bien ante ellos. Además, el estar bien vestidos nos hace sentir bien con nosotros mismos.

- Algunos docentes preferimos revisar las hojas de vida de cada uno de los estudiantes antes de comenzar el año escolar. Esto nos da una idea de los talentos especiales y problemas que puedan presentar en clase, en cuanto a su salud o en el aspecto emocional.

- Una idea funcional es hacer etiquetas decoradas con los nombres y fotografía del rostro de cada niño las cuales podamos pegar sobre cada uno de los pupitres para facilitar la memorización de sus nombres. Retiremos las etiquetas cuando nos hayamos aprendido todos los nombres.

- No olvidemos dar una especial bienvenida a los alumnos nuevos en clase. Tengamos en cuenta que deben sentarse con un estudiante "antiguo" como compañero de pupitre y que estén siempre acompañados en las horas de descanso y de almuerzo.

- Un pequeño toque de humor puede alimentar el clima acogedor del salón de clase. Es una herramienta poderosa para romper el hielo y hacer que la audiencia esté a su favor. El humor recaptura la atención de los estudiantes y fortalece su memoria, mejorando el nivel académico. El humor puede aliviar las situaciones tensas, combatir la resistencia, y reducir el estrés en el salón de clase. El humor hace cualquier experiencia más divertida y une más al grupo. Recordemos, sin embargo, que éste nunca debe emplearse para hacer daño, humillar o ridiculizar a los estudiantes.

- Ejercitemos nuestra empatía. Aprender a ponerse en los zapatos de los demás puede ayudar a descubrir la mejor manera de llegarles. Mire las situaciones desde la perspectiva del estudiante. La empatía construye su autoconciencia y ayudará a aliviar el estrés y a manejar las situaciones de manera creativa.

- Mantengamos un flujo constante de emociones positivas infundiendo en la enseñanza lo que a nosotros más nos gusta: el canto, la escritura, el arte, la danza, la cocina, lo que sea. Sin duda que disfrutarmos lo que hacemos, y nuestros estudiantes se beneficiarán del placer con que enseñamos.

- Mantengamos el entusiasmo y la persistencia. Estas dos actitudes son las claves para el éxito. Para ayudarnos y a nuestros estudiantes a practicar estas emociones, establezcamos metas alcanzables para cada uno de los estudiantes, para su clase completa, y para nosotros.

- Dediquemos algo de tiempo socializando con nuestros colegas. Podemos compartirles nuestros gustos, podemos conversar de otros temas de mutuo interés, felicitarlos por lo que hacen, ofrecerles ayuda a los nuevos profesores o a quienes se han cambiado de colegio o de curso, pedirles que le ayuden escuchando sus ideas e inquietudes y compartiendo sus opiniones.

* Convirtámonos en buenos oyentes. Escuchar es uno de los regalos más preciados que podemos dar a nuestros estudiantes. Nosotros podriamos ser los únicos adultos de sus vidas que de verdad nos tomamos el tiempo para escucharlos. Invitémoslos a que hablen de ellos mismos y mostremoles interés en lo que dicen.

Relaciones con los padres de familia

Estudios realizados durante la última década muestran que los ambientes hogar y comunidad están vitalmente ligados al éxito del estudiante. Por lo tanto, es importante que los docentes mantengan una buena relación con los padres, que sea satisfactoria para ambas partes, y que busque el máximo desarrollo del estudiante. Es recomendable planear al menos dos reuniones al año con los padres. Cuando los colegios y los padres de familia trabajan juntos, los estudiantes obtienen los siguientes beneficios:

* Notas y resultados más altos.
* Menos ausencias y más trabajos completos.
* Menos ubicación en programas especiales.
* Actitudes y comportamientos más positivos.
* Tasas más altas de graduaciones.
* Mayor participación en educación post-secundaria*.

Cuando tenga estas reuniones recuerde las siguientes sugerencias que Rathbun (EEUU, 1978) y Rabbitt (EEUU, 1978) describen:

* Planee las reuniones teniendo en cuenta estos tres objetivos:

  a. Dar información,
  b. Recibir información, y
  c. Encontrar soluciones a los problemas académicos y de comportamiento.

- Muéstrese afectuoso cuando salude a los padres.
- Revise y memorice sus nombres previamente. Es posible que un padre se haya divorciado y usted no lo sepa. No asuma que el apellido del estudiante es el mismo del padre invitado.
- No asuma que un padre mayor es un abuelo.
- Dé su nombre de manera clara, luego refiérase al estudiante de quien usted va a hablar. Es posible que algunos padres tengan más de una reunión programada para el mismo día.
- Organice el salón de clase de tal manera que usted pueda sentarse en una mesa al lado del padre o realice la reunión en un salón de conferencias. No se siente detrás de su escritorio mientras los padres se sientan en las sillas de los estudiantes o en sillas plegables.
- Planee la reunión de tal forma que tenga a mano toda la información acerca del estudiante.
- Realice una lista de las notas del estudiante. De otra forma, los padres podrían querer ver su libro de notas.
- Permanezca flexible, pero siga un plan general de lo que usted quiere cubrir en la reunión.
- Evite generalizar. Los padres responden mejor cuando se les da la información exacta.
- Diga las cosas directamente. Los padres agradecen la conversación directa sobre el problema que el niño está presentando.
- Evite ser un(a) psicólogo(a) amateur. Cuando hable del estudiante, no trate de ser una psicóloga profesional.
- Evite ser rudo(a). Siempre muestre una actitud amable si siente que los padres están siendo antagonistas.
- Rehuse a realizar la reunión en el salón de clase cuando los estudiantes estén presentes. Siempre insista en concertar una cita a otra hora del día.
- Permanezca sereno(a) cuando dirija una reunión. Trate de no tomar ningún comentario de manera personal. Recuerde, los padres de familia probablemente están preocupados y disgustados por lo que perciben que les está pasando a sus hijos, y ésta percepción puede o no puede ser correcta. Trate de determinar la manera como los padres perciben el incidente y pídales posibles soluciones. Esto demuestra su interés por ayudar.
- Responda a los sentimientos que están detrás de las expresiones de los padres en vez del contenido, comunicando a los padres

que usted realmente entiende y así, reduce la probabilidad de un conflicto directo.

- Acuerde una comunicación constante. Pida a los padres que llamen y reporten de manera positiva o negativa sobre lo que ha pasado después de la reunión.

- Es aconsejable que inicie la reunión destacando algo positivo del estudiante o mostrando un ejemplo de un buen trabajo. Es una manera de hacer menos tenso el momento. Igualmente, debe terminar su reunión con un comentario positivo, luego de haber discutido los problemas que deben mejorar.

- Programe las reuniones no solamente cuando tenga cosas negativas de que hablar. Para los padres es muy motivador escuchar cosas positivas de sus hijos y saber que ellos están progresando en su proceso educativo. Los padres son más cooperadores con el docente y el colegio cuando reciben refuerzo tanto negativo como positivo de sus hijos.

- Tenga presente los sentimientos de los padres por sus hijos, de manera que no los haga sentir mal culpándolos por no hacer bien las cosas como educadores en el hogar. Los padres deben sentirse bienvenidos, apreciados, y sentir que lo que hacen, marca una gran diferencia en sus hijos. El sentimiento de fracaso que puede generarse, crea ansiedad en los padres; por eso, presente varias sugerencias de cómo evaluar el éxito y el fracaso. *

- Sugiera ideas concretas a los padres sobre cómo desarrollar un ambiente en el hogar que motive al aprendizaje. Colaborar con el proceso de aprendizaje, fortalece las relaciones padres-hijos y colegio-hogar.

*La manera como los colegios se interesan por los estudiantes
se refleja en la manera como ellos se interesan por sus familias*

Joyce L. Epstein.

Algunas ideas creativas

- Una pequeña nota sobre el escritorio de sus estudiantes puede motivarlo y hacerlo sentir más seguro de sí mismo. Dejar notas que digan: *Me gustó tu participación en clase, Hoy estuviste genial, Estoy orgulloso(a) de ti, Me encanta ser tu profesor(a)*, son definitivamente una buena estrategia para motivar a nuestros estudiantes. Podemos hacerlo una vez se termine la clase. Otra manera de hacerlo es dejándoles la nota en la puerta de su *lócker*. Les va a encantar.

- Una linda actividad para crear un ambiente de clase o una sala de profesores acogedores es poniendo un letrero sobre la puerta del salón que diga: *A través de esta puerta pasan los estudiantes (profesores)* _______________ *del colegio (Nombre del colegio).* Cada semana puede cambiar las palabras que van en el espacio en blanco como: *más generosos, más colaboradores, más trabajadores, mejores miembros de equipo, más entusiastas, o más respetuosos.* Aplique esta linda y creativa idea. Seguro que se va a generar un ambiente de trabajo más cordial.

- Prepárese para conocer y saludar a su nuevo grupo de estudiantes con esta excelente organización de pupitres. Organice los pupitres de sus estudiantes, al igual que el suyo, en un gran círculo o cuadrado. Pídales que hagan una escarapela con sus nombres y lo peguen al frente de su escritorio. Teniendo a todos de frente uno al otro y los nombres visibles, usted y sus estudiantes se conocerán rápidamente.

- Este es un juego divertido para ayudarlo a memorizar los nombres de sus estudiantes. Haga que sus estudiantes se pongan de pie formando un círculo; luego entregue a uno de ellos una bola de espuma (o algodón). Este estudiante llama en voz alta a uno de sus compañeros y le lanza la bola. El estudiante que recibe la bola, nombra otro de sus compañeros y le lanza la bola. Si el que debe recibir la bola, no lo hace, tiene que sentarse. Si el estudiante que lanza la bola se equivoca, se tiene que sentar. Los niños(as) que se han sentado pueden volver a ingresar al juego luego de tres pases bien hechos.

- Cuando envíe cartas el primer día de colegio, informe a cada estudiante que tanto él(ella) como su familia tienen una tarea para realizar en casa para entregar al finalizar la primera semana! Crear un *Certificado de Recuerdos Escolares* y pida a cada miembro de la familia que ayude a completarlo escribiendo un recuerdo especial del colegio. Esta actividad hace que toda la familia se involucre desde el primer día de colegio. Exhiba los certificados terminados en una cartelera para que los padres lo lean el primer día que visiten el colegio. Se sorprenderá de la respuesta.

- Antes de comenzar el año escolar, envíe una carta de bienvenida a cada estudiante y una carta sobre usted a los padres de familia. Esto aliviará la ansiedad que algunos padres puedan sentir cuando dejan a sus hijos en manos de un(a) "extraño(a)". Puede incluir detalles como de dónde es usted, qué experiencia ha tenido, sus hobbies, etc. Cierre la carta invitando a los padres a visitar el salón de clase cuando lo deseen, y a llamar cuando tengan alguna pregunta o inquietud.

- La *carta de presentación* es otra idea que motiva a los padres a ser creativos y a compartir lo que consideran positivo de sus hijos. Escriba una carta a los padres el primer día de clases que diría esto: *Queridos padres..., Será un placer para mi ser el profesor (a) de su hijo _____ este año. Los invito a que me respondan esta nota contándome algo sobre su hijo(a) para poder conocerlo(a) mejor. Gracias...(firma).*

- Para fortalecer la autoestima de sus estudiantes, ésta es una linda idea que puede realizar cada mes. Escriba una nota a los padres para que ellos completen un mensaje con una frase abierta como: *Mi hijo(a)__________ es muy especial porque...* sobre un papel especialmente decorado o diseñado por usted. Pida que los padres firmen, completen y devuelvan al colegio esta nota. Cada día, lea en voz alta las notas para compartirlas con los demás estudiantes. Si las notas no son devueltas, hable con los padres y pida que le dicten el mensaje por teléfono. Puede archivar estos mensajes durante todo el año y al finalizar clases, puede usarlos para decorar cada una de sus carpetas de trabajo. ¡Ésta es una idea increíble!

- El primer día de clases, tome una linda foto de cada estudiante en el momento en que esté trabajando, tomando onces, o hablando con sus compañeros. Mande a desarrollar las fotos ese mismo día. Al otro día, haga que cada estudiante recorte un banano de cartulina amarilla y pegue la foto sobre esta silueta. Pegue los bananos sobre su puerta con el título *¡Qué mano de estudiantes! (puede trabajar otras frutas).*

- Ésta es una linda idea para que sus estudiantes se puedan conocer mejor entre sí. Haga que ellos se sienten formando un círculo. Escoja una categoría como: un postre favorito, deporte, color, etc. Pida a un estudiante que nombre la cosa favorita de esa categoría. El siguiente estudiante debe repetir lo que dijo el primero, y agregar su cosa favorita. El tercer estudiante debe entonces, repetir lo que dijeron el primero y el segundo y agregar su propia respuesta. Continúe alrededor del círculo, retando a los estudiantes a que no se equivoquen. Se sorprenderán de todo lo que memorizan y recuerdan de cada uno.

- ¿Está buscando un regalo económico para hacer que el primer día de regreso al colegio sea especial para sus estudiantes? En una tarjeta bibliográfica escriba *Espero que tu día haya sido especial, Me alegra que estés en mi clase*. Luego, pegue una lámina (pedazo) de chicle con empaque sobre la tarjeta. A los niños les encanta esta sorpresa.

- Antes de que los niños lleguen a clase el primer día, cubra todas las tapas de los pupitres con papel blanco o de oficio. Cuando ellos lleguen al salón, invítelos a colorear sobre sus mesas. Les encanta esta actividad, y sirve como distracción mientras los padres de familia salen del salón. Puede dejar el papel durante toda la primera semana y permitir que los estudiantes completen sus dibujos cada día. Luego, al final de la semana, puede retirar una parte del dibujo de cada uno y enviarla a la casa como recuerdo de su primer día de colegio.

- Ocurren tantas cosas durante el año escolar que es fácil para los estudiantes olvidar algunas de sus experiencias. Para ayudarlos a recordarlas, tome muchas fotos de las cosas grandes y pequeñas que pasen. Organice las fotos en un cronograma del año y péguelo en el salón de clase. Al final del año, permita a cada estudiante que escoja una foto favorita para llevar a casa.

- Escriba los nombres de sus estudiantes en hojas de papel separadas. Guarde los papeles en cualquier caja decorada; luego haga que cada estudiante escoja un papel. Motive a cada niño(a) a que piense en diferentes razones por las que él(ella) admira a esa persona. Luego, haga que cada estudiante comparta sus pensamientos positivos en una carta dirigida a ese compañero(a). Pueden decorar sus cartas al gusto de cada uno antes de ser entregadas.

- Realice un separador de libros para cada estudiante. Recorte una manzana de cartulina roja y escriba en ella: *Bienvenido a ___ grado* y péguele un pedazo de cinta de seda al respaldo. Estos separadores son muy fáciles de hacer y los estudiantes se sentirán motivados a la hora de leer.

- Escriba una receta para el éxito. Usando un pedazo de tela a cuadros para mantel, o un papel de regalo con temas de cocina como base para la receta, escriba un título visible que diga: *Las Mejores Recetas para el Éxito.* Cada mes, escoja el estudiante que sobresalga por sus buenos logros, y componga una receta sobre un octavo de cartulina. (El nombre del estudiante debe ir en la parte superior). Puede decorar con la fotografía del niño y un gorro de cocinero hecho de cartulina blanca.

- Asigne una silla diferente cada semana. En vez de hacer una asignación de sillas permanente para todo el año escolar, ensaye esta estrategia semanal. Marque debidamente cada pupitre con un número. Todos los días lunes o viernes en la tarde, pida a los estudiantes que seleccionen tarjetas enumeradas. Luego, bajo su dirección, haga que los estudiantes se muevan de sus pupitres en silencio con sus pertenencias a los puestos asignados. Cambiando el puesto de cada estudiante semanalmente, usted está motivándolos para que trabajen de manera cooperativa con muchos otros niños(as).

- Pieza por pieza para esta actividad del primer día. Con anterioridad, dibuje sobre una cartulina (cartón paja) blanca el numeral que representa el grado que le corresponde dirigir (Ejemplo: 2°, 4°, etc.). Divida con marcador el numeral en piezas de tal manera que formen un rompecabezas y que correspondan a cada uno de sus estudiantes. Recorte el numeral. Luego, comenzando desde la parte superior del numeral, recorte cada una de las piezas. Mientras usted hace esto, enumere las piezas en la parte de atrás en forma secuencial. El primer día de clases, pida a cada estudiante que decore la pieza del rompecabezas que le corresponda. Cuando todas las piezas estén decoradas, llame a lista a cada estudiante para ir formando el numeral, el cual pegará sobre otro pliego de papel de color. Escriba *Bienvenidos al Grado* sobre la parte superior del rompecabezas; luego, invite a cada estudiante a que escriba su nombre alrededor del numeral para terminar el póster.

- En muchas ocasiones encontramos estudiantes que se sienten tan mal con ellos mismos o tan deprimidos que ni siquiera reconocen sus logros. Ésta es una gran idea que se puede incorporar en las actividades de escritura. El viernes en la tarde puede ser el momento ideal para realizar esta actividad. Entregue a cada estudiante una hoja previamente diseñada que diga *Mi lista de éxitos* y pídales que escriban tres de sus éxitos más significativos de la semana. Recuérdeles que no tienen que ser grandes cosas, sólo sus pequeños logros.

Dé la oportunidad a cada uno de leer lo que escribió para poder reforzar en ellos lo que esto significa para ellos y pregúnteles si tienen planes para la siguiente semana.

- Los buzones personalizados resultan efectivos para mejorar la comunicación entre los compañeros de clase. Con cartulina y pinturas o papeles de colores realicen buzones (en forma de sobres o de cajas) con la ayuda de sus estudiantes y péguelos sobre un tablero uno al lado del otro. Cada estudiante decora a su gusto su buzón correspondiente. Motívelos para que se escriban mensajes y cartas durante la semana y que éstas vayan firmadas. Con esta actividad, muchos estudiantes mejoran la expresión escrita y se sienten libres para compartir sus experiencias y sentimientos. Para el docente, estos buzones también son muy útiles para comunicarse con sus estudiantes, bien sea con una palabra de reconocimiento, o una observación por su comportamiento en clase.

- Ésta es una linda idea que tiene gran impacto en el colegio y el hogar. Pida a cada estudiante que lleve cartulina a su casa y trace las manos de todos los miembros de su familia. Luego, el estudiante las recorta y las trae al colegio. Las "manos" se pegan sobre el borde superior de los corredores del colegio o del salón de clase, comenzando por la entrada principal. Es una idea novedosa que lleva un lindo mensaje: *todos nos tendemos la mano*.

- Diseñe un *Certificado de Reconocimiento* especial para tener en clase. Cada vez que un estudiante ha tenido un acto amable con otro compañero, entréguele un certificado de reconocimiento. Le sugiero que lo entregue dentro de un sobre para que sea algo privado, puesto que algunos estudiantes se sienten apenados incluso cuando se trata de un buen acto.

- Muchos padres de familia que les gustaría ayudar en el salón de clase tienen muchas ocupaciones que nos les permite hacerlo. Haga una lista de los padres voluntarios de su clase. Cuando sea el tiempo de enviar un proyecto para que ellos lo realicen, envíelo en un sobre de cartulina que diga: *Tarea de mi papá o Tarea de mi mamá*. Estos son proyectos en donde los padres pueden aportar ideas o ayudar a realizar material de apoyo para un proyecto especial. A los estudiantes les gusta la idea de que sus padres tengan una tarea en casa, y se sienten orgullosos de que sus padres estén involucrados. ¡Es posible que su lista de padres voluntarios se amplíe con la ayuda de los estudiantes!

- No olvidemos un detalle de cumpleaños. Este año, esté preparado para los cumpleaños de sus compañeros o alumnos. Decore varias tarjetas bibliográficas utilizando sellos de caucho con diferentes formas. Manténgalas en su escritorio. Cuando quiera saludar a un estudiante o a un compañero de trabajo por su cumpleaños, escriba un bonito mensaje y fírmelo. Pegue un dulce o chocolate tamaño individual o alguna otra pequeña sorpresa al respaldo de la tarjeta y lista para enviar.

- Una banda decorativa para el salón de clase es otra gran idea para recordar los cumpleaños de sus estudiantes. Entregue a cada uno de sus estudiantes un triángulo de cartulina de 15 cms por cada lado, permita que cada uno escriba su nombre y su fecha de cumpleaños con marcador (si prefiere, usted puede hacerlo); y finalmente invítelos a que los decoren. Sobre una cuerda o pedazo de lana, cuelgue los triángulos en orden cronológico. Puede colgar el estandarte en un lugar visible del salón de clase.

- Los cupones para el día del cumpleaños son un regalo ideal para sus estudiantes. Sobre un papel de color, realice un modelo de cupón para cambiar por una tarea; luego almacene los cupones para cuando los necesite.

- Mensajes motivadores. Cree un ambiente positivo para sus estudiantes, pegando mensajes alentadores alrededor del salón de clase. Pequeños letreros como *Haz tu mejor esfuerzo, ¡Tú puedes!*, y *Te quiero* pueden pegarse sobre la caja de pañitos limpiadores, o incluso sobre la puerta o el taja lápiz. Cambie periódicamente los mensajes. Los estudiantes estarán esperando sus reconfortantes palabras.

- Añada un toque de agradecimiento a su clase. Mantenga una buena cantidad de medallas, certificados o autoadhesivos especiales para que sus estudiantes utilicen cuando quieran agradecer a un compañero por su ayuda en alguna tarea o en un momento difícil. Los mensajes positivos ayudan a fortalecer las relaciones entre los estudiantes y a mejorar su autoestima.

- Las fotografías hablan más que las palabras. Entonces, comunicarse con los padres a través de un álbum de fotos es una gran idea para mantenerlos informados. Tome una foto de sus estudiantes en diferentes actividades escolares, desde una rutinaria hasta una extraordinaria. Después de varias semanas o meses de tomar estas fotos, recopílelas en un álbum. Si lo desea, puede anexar unas hojas blancas para respuesta de los padres en la parte posterior del álbum. Luego, envíe el álbum a casa un día diferente para cada estudiante hasta completar toda la clase, de tal forma que todos tengan la oportunidad de compartirlo con sus padres y así, motivar una relación padre-docente que sea positiva.

- A los niños les encanta mostrar sus habilidades de lectura a los adultos, entonces, por qué no dedicar unos pocos minutos en el salón de clase cada mes para escuchar la lectura individual y en voz alta de sus estudiantes. Este compromiso de los padres toma solamente de 10 a 15 minutos y, además, produce un efecto emocional positivo en los niños(as) a quienes se les estaría dando atención personalizada y reconocimiento por su lectura.

Mantener buenas relaciones con los estudiantes, padres de familia y compañeros de trabajo no es una tarea difícil. Nuestra actitud hacia ellos y el deseo de alcanzar los objetivos académicos trazados es lo que lo debe motivar a cuidar sus relaciones interpersonales. Mantenga constantemente un equilibrio emocional que transmita justicia y amor. Igualmente, genere un ambiente de mutua cooperación y participación en procura de formar una comunidad escolar que sea social e intelectualmente competente. Invite a los docentes y padres de familia a que participen de manera mancomunada en el proceso educativo de los estudiantes e hijos respectivamente. Dependiendo de su creatividad y espíritu laboral podrá cumplir cabalmente con sus metas educativas para formar una generación de estudiantes socialmente competentes.

Planeando experiencias didácticas para currículos con unidades temáticas

Introducción

Este capítulo recibe su nombre teniendo en cuenta que la palabra *experiencia* quiere decir *todo lo que es aprehendido por los sentidos y constituye la materia del conocimiento humano* y la palabra *didáctica* que quiere decir *que tiene por objeto enseñar o instruir.* Por lo tanto, si tenemos en cuenta estas definiciones, podemos entender la importancia que tiene para el niño(a) experimentar para aprender y esto solamente se da si nuestras clases se programan bajo este criterio. Son los docentes quienes hacen posible que se den estos objetivos.

Adicionalmente, estudios realizados recientemente han confirmado la idea que los nuevos profesores ya conocen: *que los niños aprenden mejor cuando pueden dirigir su propio aprendizaje.* Cuando el niño experimenta:

- Piensa a su ritmo
- Resuelve las cosas a su manera
- Realiza predicciones
- Prueba sus hipótesis
- Activa sus ideas
- Explora materiales
- Saca sus propias conclusiones
- Registra sus ideas
- Comparte sus ideas con otros

La experiencia le permite al niño alcanzar sus primeros grandes logros psicológicos y culturales y le ayuda a expresarse con mayor propiedad. La experiencia es un instrumento que facilita la comunicación entre el niño y el adulto, cuando éste es partícipe del proceso.

El niño aprende más por medio de su propia experiencia que por cualquier otra vía, porque está comprometido de manera personal en lo que para él vale la pena y en consecuencia, el conocimiento que adquiere es más válido. Además, aprende a ser creativo, constructivo e independiente. También le permite explorar y descubrir sus propias habilidades en diferentes actividades o tareas, lo que fortalece:

- Su curiosidad y deseo de explorar
- La creatividad
- Su capacidad de concentración
- El desarrollo del lenguaje
- Todas sus habilidades
- La confianza en sí mismo

Es por eso que los niños que estudian en un jardín de tiempo completo se convierten en mejores aprendices en la primaria, a diferencia de los niños que sólo están parte del tiempo. A ellos se les puede enseñar a pensar, resolver problemas, compartir ideas, escribir y leer a su propio nivel.

Por todo lo anterior, las actividades que voy a sugerirle en este capítulo están diseñadas para hacer que los programas de preescolar y primaria básica sean fuertes y estén centrados en el estudiante y no en el profesor. De esta forma, los estudiantes querrán aprender más y se desarrollarán de manera física, intelectual, social, y creativamente a través de la experiencia.

¿Cómo planear unidades temáticas desarrollando el lenguaje?

Los profesores deben planear para involucrar de manera consciente a los estudiantes en una variedad de actividades que faciliten el aprendizaje y aumenten el nivel de pensamiento crítico y de aplicación. Es muy fácil asignarles lecturas de los libros de texto y considerar esto como estudio del tema. Los estudiantes leen el texto, lo discuten (habla y escucha) y escriben las respuestas a las preguntas al final de cada capítulo. Están empleando las cuatro habilidades lingüísticas, pero no como deberían. Un mejor método es el de utilizar el libro de texto como uno de los muchos recursos pedagógicos para la enseñanza de un tema.

Con un currículo planeado integralmente es posible desarrollar en el estudiante todas sus habilidades comunicativas: escucha, escritura, lectura, y habla.

Aprender a través del lenguaje es lo que se describe como *la manera como utilizamos el lenguaje para formarnos una imagen del mundo en que vivimos* (Halliday, 1980, p.3). Las actividades que diseñe para el área de lenguaje deben ser aplicadas a través de todas las demás áreas de aprendizaje. En vez de saber acerca de la audición como medio de comunicación por que sí, ellos aprenden acerca de este tema para que aprendan a escuchar de manera más efectiva en las otras áreas. De igual forma, aprenden a leer y a escribir para las demás áreas.

A continuación, describiré algunas actividades que pueden ser trabajadas en clase con la participación activa de los estudiantes y que de una u otra forma pueden planearse en los grados de preescolar o primaria básica siguiendo la modalidad de unidades temáticas.

> *Los niños pueden aprender mejor cuando se les permite resolver problemas de primera mano. Sufren educacionalmente cuando se les quitan estas experiencias a favor del papel y el lápiz.*

Tema: El niño y los cinco sentidos

Área: Lenguaje oral, escucha, escritura, lectura

Recitar Algunos cantos juntos les dan la oportunidad a los niños de practicar sus habilidades verbales, experimentar con el ritmo, y sentir satisfacción de decir las rimas al unísono. Utilice las rimas o cantos varias veces al día para promover el sentimiento de unidad de grupo. Los cantos que pasan de uno a otro pueden ser cambiados por los niños mientras que ellos pasan alrededor del círculo.

Ejemplo:
Dubi-dubi-du
Hoy es (*día de la semana*)_
Dubi-dubi-du
Yo soy (*nombre del niño*)
¿Quién eres tú?

Puedes usar este juego para seleccionar colores, formas o juguetes que les gusten.

Dubi-dubi-du
Rojo es el que quiero.
Dubi-dubi-du
¿Cúal quieres tú?

Área: Lenguaje-escucha
Juego de Rimas

Este juego puede organizarse en el centro o área de escucha. La idea es la de coleccionar objetos reales o modelos pequeños de cosas que rimen. Guarde la colección en una caja especial marcada *Juego de Rimas*. Para jugar este juego, los niños clasifican objetos en parejas que rimen. Pueden usarse figuras o miniaturas de plástico.
Ejemplo: Campana- ventana
 Carro- tarro
 Mesa- fresa

Área. Lenguaje-escritura
Libro de recortes

Pida a los niños que dibujen sus auto retratos. Póngalos en un libro de recortes en la página de la derecha y permita que ellos o usted escriban sus nombres en la página de la izquierda. "Lea" a toda la clase, o a cada uno de vez en cuando y guárdelos con otros libros de la clase para que los niños puedan verlos cuando quieran. Esta actividad se puede realizar al comienzo del año y repetir al final del año, para compartirlo con los padres y que ellos puedan darse cuenta de cuánto han crecido y cambiado sus hijos.

Letras y palabras a nuestro alrededor: (Lectura)

Hay varias formas de lograr que nuestro salón de clase tenga un ambiente en donde las letras y las palabras jueguen un papel importante y cómodo. Estas son algunas de las sugerencias:

*   Tenga una cartelera grande del alfabeto donde los niños puedan verla fácilmente.
*   Ponga cojines suaves en forma de letra en el centro de lectura. Tal vez, los padres puedan servir para hacerlos en casa.
*   Marque los objetos importantes de la clase y permita que los niños la vean haciendo esto.
*   Ponga letras de juguete con las que se diviertan jugando en el centro de lectura.
*   Tenga suficientes libros a mano para que los niños puedan verlos.
    Tenga una cartelera fácil de manipular en donde lleve el récord de las palabras que ellos han escrito para que usted pueda leérselas a ellos luego.

Área: Ciencias sociales
Foto-títeres y teatrino

Consiga fotos del rostro de cada niño. Ayúdelos a pegar las fotografías en palos bajalenguas para hacer los títeres. Cuando las fotos estén secas, ayude al niño a reforzar la unión de la foto y el palito con un poco de cinta. Escriba el nombre de cada niño con un marcador sobre el palo.

Guarde los títeres en un lugar especial para que ellos los puedan usar para hacer una presentación o juego dramatizado. Esto se convierte en un recurso útil para resolver algunos problemas sociales en el salón de clase. Por ejemplo; si dos estudiantes están peleando, usted puede tomar sus títeres correspondientes y hablarle a cada uno acerca del problema. Permita que los niños le den ideas de lo que cada títere podría decir.

Realice un teatrino con una caja de una lavadora o similar.

Las manos informativas

Recorte la silueta de las manos y en cada una de ellas haga que los niños copien un dato informativo sobre las manos. Péguelas sobre una cartelera y titúlela: "Investigando sobre las manos. Se les puede suministrar toda la información o pedirles que la traigan con anticipación. Ejemplo: *Hay más de 25 huesos en nuestras manos. Las palmas de tus manos producen mucho sudor. Este sudor les ayuda a sujetarse. Las uñas se forman de piel muerta. Nadie en el mundo tiene las mismas huellas digitales que las tuyas. Más gente es diestra que zurda. Las personas que pueden utilizar las dos manos se les conoce como ambidiestras.*

Área: Matemáticas
Clasificando, contando, y haciendo gráficas
nosotros mismos

Haga que los estudiantes formen grupos teniendo en cuenta el color de sus ojos. Luego, permita que ellos escojan el color del papel que juegue con su color de ojos y recorte ojos de éste. Si ellos quieren, trácele patrones de ojos y luego, termine de decorarlos con marcadores o crayones negros.

Para llevar un registro de los grupos, los niños pegan sus ojos en la gráfica, comenzando desde abajo hacia arriba. Explíqueles que una gráfica es un dibujo o representación de "cuánto". Cuente cuántos hay de cada color de ojos. Compare las cantidades en los diferentes grupos. Pregúnteles cuántos son mayoría o minoría, de esta forma les ayudará a desarrollar el vocabulario de: *más, menos, la mayoría, pocos, ninguno, alguno(s), etc.*

Puede realizar otras gráficas que hablan de los niños de la clase, tales como el color de su cabello, color de zapatos, estatura, etc.

Cartelera de números

Haga una cartelera con los números del 1 al 10, de arriba hacia abajo. Consiga objetos pequeños para que ellos pasen y pequen al frente de cada número la cantidad indicada. Asegúrese de que ellos revisen y cuenten antes de pegar los objetos.

Collares de figuras geométricas

Prepare la masa con los siguientes ingredientes:

*   1 taza de harina
*   1 taza de sal
*   Agua

¿Qué hacer?
Haga que los niños moldeen diferentes figuras geométricas con esta masa. Luego póngalos a pinchar las figuras con un palillo cada una y deje secar durante la noche. Al siguiente día, retire los palillos y haga que decoren las figuras con marcadores de colores. Dé a los estudiantes lana o hilo grueso para que ensarten las figuras para realizar los collares a la medida deseada. Pueden ponérselos al finalizar la actividad y pueden describir las figuras que tienen en cada uno y contarlas.

Área: Arte
Diseñando e imprimiendo billetes y monedas

Concepto: La moneda es impresa. Podemos hacer dinero de juguete imprimiéndolo en clase haciendo como si fuera una fábrica de impresión.

Unte las monedas levemente sobre esponjas mojadas con témpera. Presione las monedas, y pinte sobre una hoja de papel. Corte las monedas. Puede plastificarlas con papel *adhesivo* transparente por ambos lados para poder guardarlas y jugar con ellas en otras actividades.

Esto mismo se puede hacer imprimiendo diferentes figuras sobre papeles recortados en rectángulos, para poder hacer billetes que ellos mismos decoran a su gusto.

Tema: Los alimentos

Área. Lenguaje-escucha
Adivinanzas de los alimentos

Pida a los niños que cada uno traiga un alimento a clase (una zanahoria, uvas pasas, pan, una barra de chocolate, un tarro de arvejas, una manzana, u otros). Ponga todos los alimentos en una mesa para que todos puedan verlos. Luego, enséñeles a los niños a formar sus propias adivinanzas y a que todos escuchen bien. Por ejemplo, *¿Qué es rojo por fuera, blanco por dentro, y cuando tú lo muerdes se siente duro y jugoso? (Una manzana)* Continúe el juego dándole el turno a cada uno de que diga su adivinanza.

Otra forma de jugar puede ser escondiendo los alimentos en una caja y haciendo que el niño diga la adivinanza para que sus compañeros le respondan.

Igualmente, se pueden reunir fotografías de revistas y pegarlas en la cartelera con preguntas en forma de adivinanza.

Ejemplo: *¿Qué es verde por encima, naranja en el resto y se siente duro cuando lo muerdes?* (Una foto de la zanahoria).

Área: Lenguaje-escritura
Recetas que nos inventamos

Haga que cada niño le dicte una receta. Puede ser para cualquier comida, tal vez el plato favorito de ellos. Tome nota exactamente como el niño lo dice, y no las corrija. Los resultados son muy especiales. Pídale al niño que ilustre su receta. Puede reunirlas en un sólo libro de recetas para llevar a casa. Son un regalo divertido para los padres.

Área: Ciencias
Juego de ideas: Igual y diferente

Ponga dos alimentos diferentes al frente de los niños y pregúnteles, ¿En qué se parecen? ¿En qué se diferencian? Motive a los niños a pensar en las diferentes maneras en que los alimentos se asemejan.

Algunos de los alimentos interesantes para comparar son:

- Jugo de naranja y leche
- Una manzana y una naranja
- Uvas y uvas pasas
- Harina y pan

Secuencias: Antes y después

Para ayudar a los niños a entender de dónde vienen los alimentos, prepare diferentes alimentos desde el principio. Tome fotografías del proceso para poder jugar y luego secuenciar en clase. Ayude a los niños a utilizar las palabras correspondientes a las secuencias, tales como: *antes, después, primero, segundo, finalmente, etc.*

Área: Matemáticas
Estimando cantidades

Pida a los niños que traigan comidas, tales como semillas de cereales secos en bolsas plásticas. Ponga esta comida sobre una mesa en el centro de matemáticas junto con lápices, hojas de papel y una canasta. Pida a los niños que calculen cuántas semillas puede haber en la canasta o en el frasco. Permita que ellos escriban estas respuestas en las hojas de papel y póngalas en la canasta. Cuando todas las respuestas estén listas en la canasta, cuente las semillas en pilas de 10. Luego reúna todas las pilas para sacar la cantidad total. Pregunte: ¿Quién tuvo el estimado más cercano a la respuesta? Permita que los niños encuentren la respuesta.

Tema: La comunicación

Área: Lenguaje oral
Sombreros de cuenteros

Una historia es una forma de compartir tus ideas y sentimientos con los demás. Una historia puede ser un regalo.

Ayude a los niños a realizar sombreros especiales de cuenteros utilizando periódico y cinta. Decore los sombreros con adhesivos o papeles de colores en cualquier diseño. Pida a los niños que por turnos cuenten un cuento a los demás. Haga como si los sombreros fueran mágicos y cada vez que ellos se los ponen, sus cabecitas se llenan de historias para contar.

En caso de que el niño no pueda continuar contando la historia porque ya no tiene más ideas, permítale que le ceda el turno a otro compañero para que continúe.

Área: Lenguaje-escucha
Juego de escuchar

Para jugar, dos niños se sientan de espaldas de tal forma que uno no vea lo que el otro está haciendo. Ambos niños tienen el mismo juego de fichas y una lana para hacer un collar. Uno de los niños va dando instrucciones de ensartar fichas mientras que el otro escucha y sigue las instrucciones. Cuando terminan de hacer el collar, los niños se voltean de frente y revisan si sus collares son iguales o diferentes. (Tienen que ser iguales). Luego, desarman el collar y el otro niño hace de líder esta vez. Es bueno motivarlos para que utilicen lenguaje descriptivo y patrones iguales.

Buzones de mensajes

Organice un centro para mensajes o correo en donde los niños pueden enviarse mensajes unos a otros. Ellos pueden ayudar a realizar sus buzones de la siguiente forma: Con la grapadora, cosa la mitad de un plato desechable con uno entero para hacer un buzón. Decórelo con la fotografía del niño(a) y su nombre.

Aprendiendo sus direcciones

Escriba los nombres y direcciones de los niños en sobres grandes. Permita que ellos los decoren y ayúdeles a decir sus direcciones en voz alta. Con frecuencia, a la hora de hacer un círculo en clase, los niños pueden leer sus direcciones y luego pídales que envíen sus cartas a los compañeros.

El teléfono

Realice una lista con los nombres de cada niño y sus números telefónicos en el tablero.

Luego, haga una lista para cada niño en una hoja. Permita que los niños hagan y peguen sus propios directorios y les pongan una cubierta o pasta con cartulina de color. Envíe este directorio a sus casas para que ellos los puedan usar durante el año escolar.

Reproduzca el patrón del teléfono. Ayude a los niños a escribir sus números sobre el espacio inferior. Repita esta actividad hasta que los aprendan bien (puede hacerlo para que memoricen el teléfono de la oficina de sus padres o algún número de emergencia).

Nota: Es recomendable tener un teléfono de juguete disponible para que los niños marquen sus números y practiquen este ejercicio.

Área: Matemáticas
Patrones y cadenas de papel

Pueden hacer cadenas de papel con diferentes patrones de colores. Primero el color amarillo, luego el verde, luego el rojo (cualquier patrón) y haga que ellos describan su patrón. Decore el salón con las cadenas terminadas.

Otra actividad puede ser la de medirse ellos mismos con estas cadenas. Puede pegarlas en la pared y cada uno se compara con la suya para ver si es mas larga que su estatura o es más corta, o cuántos eslabones necesita para completar su altura. Pueden comparar sus estaturas unos con otros.

Con esta actividad, podrá reforzar los conceptos de: *largo, corto, alto, bajo.*

Piñatas

Para realizar una piñata con papel maché, permita que los niños dejen remojando las tiras de papel en agua con harina. Ponga las tiras de papel en una bomba inflada muy grande. Permita un espacio para ponerle un gancho (clip). Deje secar, decore con pinturas, crayones o marcadores. Llene la piñata y cuélguela del techo. Los niños pueden tomar turnos para golpearla hasta lograr romperla. Se les debe explicar lo importante que es compartir y que todos tengan el mismo número de cosas.

Tema: La salud

Área: Lenguaje-escucha
Escuchar y dar instrucciones

Explique a los niños que cuando los adultos les dicen a los niños cómo cuidarse ellos mismo, ellos quieren que los niños escuchen con atención. Prepare algunos letreros (órdenes) de tal forma que los niños tomen turnos disfrazados de adultos y les digan a otros compañeros estas instrucciones.

Ej: *Por favor lávate las manos con jabón y límpiate bien las uñas con cepillo.*

Podemos recordarles a los niños de instrucciones como: qué hacer cuando ellos se tropiezan y se hacen daño, cuándo y cómo se deben lavar los dientes, cómo deben cuidar de no regar alimento sobre su ropa cuando están comiendo, cómo cruzar una calle o qué hacer cuando se sienten mareados en el carro.

Área: Lenguaje-escritura
Instrucciones de lavado

Pida a los niños que laven la ropa de los muñecos. Haga que ellos mismos le dicten el proceso para el lavado y usted lo escribe en el tablero. Ayúdeles a recordar algunas cosas como: alistar los materiales necesarios, prepare el área para el lavado, lave, enjuague y cuelgue para dejar secar, organice el área de trabajo. Revise con toda la clase para ver si el proceso está completo. Divida la clase en varios grupos y asígnele a cada grupo un paso del proceso. Si desea, tome fotos del proceso y cuando estén listas, permita que los niños escriban las instrucciones al frente de cada foto.

Área: Lenguaje-lectura
Historia de la zanahoria

Permita que los niños dicten e ilustren una historia de clase acerca de las zanahorias y otros alimentos saludables para comer. Exhiba las historias y ayude a que ellos las relean de vez en cuando.

"Las zanahorias son buenas. Tú comes zanahorias. Puedes hacer sopa de zanahoria: Esta zanahoria es grande. Las zanahorias crecen en la tierra. Las zanahorias son buenas para la salud y se pueden comer con queso crema.

A los conejos les gusta la zanahoria."

Área: Ciencias sociales
Resolviendo problemas

Explique a los niños que las personas pueden ayudar a resolver problemas y que resolver problemas, de alguna forma, ayuda a que los demás estén sanos y eviten accidentes.

Riegue un poco de agua en el piso del salón. Pregúnteles lo siguiente: *¿Por qué este agua puede ser un problema?* Los niños pueden dar diferentes respuestas. Hay que recordarles que entre más ideas tengamos al identificar problemas y resolverlos, mejores *solucionadores* de problemas seremos. Comente con ellos las diferentes maneras de resolver el problema del agua y permita que uno de los niños lo resuelva (trapeando, secando con papeles, trapos u otros).

Se pueden trabajar muchas más ideas tales como:

- *¿Por qué un vaso roto es un problema y cómo lo resolvemos?*
- *¿Por qué los fósforos pueden ser un problema, y qué podemos hacer si los encontramos?*
- *¿Por qué tanto ruido puede ser un problema, por qué mucha actividad y poco descanso es un problema?*
- *¿Por qué estar mucho tiempo sentado y nada de actividad es un problema, y qué podemos hacer al respecto?*

Área: Ciencias
¿Cómo permanecer secos?

Haga pruebas de absorción de agua en el centro de ciencias. Pida a los niños que reúnan objetos o materiales a los que ellos quieran hacer la prueba para ver si estos absorben o no agua. Permita que los niños hagan sus predicciones, luego permita que ellos dejen caer agua sobre los objetos utilizando jeringas desechables. Puede llevar un registro de los resultados con ilustraciones que ellos mismos describirán.

Área: Matemáticas
¿Qué tan alto eres tú?

Realice una gráfica de lana para mostrar a los niños qué tan altos son. Primero, haga que ellos dibujen el retrato de sus caras. Pegue estas lanas de cada uno en la pared con sus correspondientes dibujos en la parte superior. Al lado de la gráfica, pegue un metro. Permita y/o ayude a los niños a leer sus medidas. Pueden compararse entre sí. Explíqueles que alimentarse con comida sana es bueno para que crecer lo necesario. Es bueno practicar el vocabulario correspondiente: *alto, más alto, bajo, más bajo...*

Área: Arte
Platos decorados con frutas

Reparta a los niños pedazos de frutas cortados en diferentes formas para que ellos decoren los platos desechables en formas divertidas. Luego de describir sus diseños, los niños pueden comérselas

Tema: El clima y el cielo

Área: Lenguaje-lectura
Nombres de estrellas y constelaciones

Muestre a los niños fotos de constelaciones en libros de estrellas o de astronomía. Enséñeles los nombres de algunas constelaciones, explicándoles que ellas recibieron sus nombres desde hace mucho tiempo de gente que contaba historias acerca de ellas. Déles papel azul o negro (cartulina), tiza y estrellas adhesivas. Pídales que hagan constelaciones reales o que ellos quieran inventar. Explíqueles que deben poner las estrellas entre las líneas dibujadas, no encima de ellas. Luego, permítales que cuenten historias sobre sus constelaciones y les pongan nombres a su gusto. Pueden practicar matemáticas, haciendo que cada niño cuente las estrellas que le puso a su constelación.

Área: Ciencias sociales
Astronautas y Astrónomos

Pida a los niños que hagan una nave espacial inventada en la clase para que puedan hacer un viaje espacial a la luna. Motívelos a que den sus ideas para hacer esta nave. Podría utilizar cinta, bloques y poner sillas en el piso para delimitar el espacio de la nave, o simplemente, haga como si el sitio donde están reunidos es una nave espacial. Para el viaje, haga escudos de papel de aluminio o gorros para ponerse. Puede hacer botones de control con platos desechables y con botones o algo similar para que ellos mismos los manejen durante el viaje. Pueden traer tubos del papel higiénico para que utilicen como telescopios. Pida a los niños que miren a través de ellos y describan lo que ven. Cuando lleguen a la luna, desciendan y explíqueles que no hay gravedad allí y que tienen que moverse lentamente. Haga que los niños regresen a la nave espacial y hagan el viaje de regreso a casa.

Área: Ciencias
Experimentos con agua

1. Al comienzo de clase, haga que los estudiantes realicen predicciones sobre: de cuántas maneras diferentes ellos van a utilizar el agua en el colegio ese día. Escriba las predicciones sobre una cartelera, ilustrando cada predicción con un pequeño dibujo para ayudar a los niños a leer la cartelera. Revise las predicciones y agregue aquellas que usted cree que faltarían.

2. Ponga un vaso de agua sobre una mesa al lado de la ventana y otra bajo la sombra. Ponga un termómetro en cada una, y ayude a los niños a identificar y registrar las temperaturas de ambas aguas. Refuerce el siguiente concepto: El sol tiene el poder de calentar las cosas; lo cual llamamos "energía solar". La sombra bloquea el sol y mantiene las cosas frescas.

3. Consiga un embudo y tubo plástico para que los estudiantes experimenten con el agua. Sobre una mesa. Plantee problemas para resolver como:

    a. ¿Cómo puedes hacer que el agua corra lentamente dentro del tubo plástico?

    b. ¿Cómo puedes hacer para que corra rápidamente por el tubo?

    c. ¿Cómo puedes hacer para que deje de correr?
    Motívelos para que pronostiquen los resultados y los prueben ellos mismo.

Área: Matemáticas
Calendario de clase

Para realizar un calendario de clase, utilice una cartelera de clase (de corcho si es posible) y cúbrala con cartulina. Puede delinear los días con lana. Puede decorar poniendo los nombres de los meses y de los días con ganchos (pins) en la parte superior. Puede hacer los números con cuadrados de corcho o de cartulina gruesa del 1 al 9. Ponga estos números en una pecera o caja decoradas para acceso de los niños cerca del calendario. En otra caja similar, ponga recortes de signos del clima ilustrados con nubes, sol, lluvia y viento y en otra tercera caja. Coloque ilustraciones de los días especiales como cumpleaños, salidas pedagógicas, día de amor y amistad, visita de un personaje importante, etc. Permita que cada día los niños ayuden a registrar el día, la fecha y el clima que corresponde. Si diseña tortas para el día de los cumpleaños, márquelos con los nombres de cada niño y en las estrellas marque los eventos especiales.

Al finalizar cada mes, revise el clima y los eventos antes de retirar los números y los dibujos y prepararse para el otro mes.

Midiendo sombras

Salga del salón y vaya con los niños al parque o sitio de juego en un día soleado, y pida a los niños, que con una tiza tracen alrededor de su sombra. Permita que ellos hagan predicciones de lo que va a ocurrir a sus sombras a cierta hora del día. Registre sus predicciones en una cartelera, regrese al salón por una hora, y luego vuelva a salir para ver si sus predicciones son ciertas. Los conceptos a revisar son: Cuando el sol brilla sobre ti de un lado, tú tienes una sombra. El sol se eleva en el cielo durante el día. Mientras que el sol sale, tu sombra se reduce. Al mediodía, el sol está sobre tu cabeza y tu sombra es la más pequeña. En un día oscuro, haga dibujos de las sombras de los niños en papel oscuro. Puede utilizar una linterna para proyectar luz sobre ellos. Y luego recorte, y pregúnteles si pueden reconocer sus propias sombras.

Tema: Las plantas

Área: Lenguaje-escritura
Diario del árbol

"Adopte" un árbol afuera de su colegio. Mantenga un cuaderno de diario para el árbol, registrando información una vez por semana.

Cada semana haga que los niños le dicten cómo se ve el árbol, cómo está el clima para el árbol, y qué animales se ven alrededor de éste, para los niños más grandecitos, permítales que sean voluntarios para registrar la información y para que lo ilustren a su gusto. Mantenga el cuaderno o libreta en un lugar de fácil acceso para que los niños lo lean en sus horas libres.

Lenguaje: Lectura
Historias de secuencias

Ilustre el proceso del crecimiento de una planta en cuatro pasos, haga unos letreros con las palabras: *primero, enseguida, luego y al final*. Colóqueles las imágenes en desorden sobre el tablero. Luego, un voluntario pasa y organiza la secuencia y marca con la palabra correspondiente cada paso de ésta. Permita que los niños relaten la historia empleando las palabras de secuencia.

Área: Ciencias sociales
"Chefs" de ensaladas de clase

Concepto: (oficios) Un chef es una persona que prepara comida para otros.

Explíqueles que a muchas personas les gusta comer ensalada porque los mantiene saludables. Haga que ellos pretendan ser "chefs" de ensalada. Permita que primero se laven sus manos, provéalos con ingredientes de ensaladas y platos desechables, para hacer una ensalada que se comerán en clase. Permita que ellos inventen sus propias recetas de ensaladas, anotando sus sugerencias en un cuaderno de recetas. Una sugerencia es la siguiente:

- Lave la lechuga
- Escúrrala bien
- Agregue atún
- Póngale tomates en rodajas
- Agregue mayonesa

Área: Matemáticas
Medir plantas reales

Haga que los niños midan las plantas reales mientras crecen utilizando bloques pequeños. Pídales que cuenten los bloques en cada caso y pase la información a una gráfica. Concepto: Una gráfica es una imagen de *cuantos*.

Tema: Los animales

Área: Lenguaje-escritura
Poemas de animales en cinco pasos

Permita que sus niños le dicten poemas de diferentes animales que usted esté estudiando en clase. Explíqueles que el poema no tiene que rimar, pero que tiene que sonar bien y debe tener palabras interesantes. Cada poema tiene cinco líneas, que siguen un patrón:

Línea 1: El nombre del animal
Línea 2: El color y el tamaño del animal
Línea 3: Las partes importantes del cuerpo
Línea 4: Lo que le gusta comer al animal
Línea 5: El nombre del animal (repetido)

Ejemplo:
Caballo
Negro y grande
Patas, melena y cola
Pasto, paja y avena
Caballo

Si usted lo desea, permita que los niños le dicten oraciones más completas como:

Yo veo una vaca
La vaca es negra y blanca
La vaca tiene ubre

La vaca come pasto
Yo veo una vaca

Puede copiar los poemas en una cartulina grande e ilustrarlos a su gusto. Puede reunir los poemas en una libreta, sacar copias para todos y enviarlos a casa para compartir con los padres de familia.

Área: Ciencias sociales
Hábitats

Explique a los niños que los animales viven en diferentes lugares o "hábitats". Algunos de esos lugares son: el mar, el aire, y la tierra. Con los niños, cubra una cartelera con diferentes colores de papel silueta representando los diferentes hábitats. Los colores que podría utilizar son el azul claro para el cielo, verde y cafés para la tierra, desiertos y selvas, y el azul oscuro para ríos y mares. Permita que los niños recorten animales de revistas o los dibujen y luego peguen en cada uno de sus hábitats y discuta el tema con ellos. Puede realizar una clase de conversación sobre la preservación de las especies y/o agregar fotos de edificios y calles sobre la cartelera y preguntarles: *¿En qué afectan estos edificios y calles a los hábitats de estos animales?*

Área: Matemáticas
¿Qué tan grande es?

Muestre a los estudiantes fotos de animales del zoológico y pregúnteles qué tan grande creen ellos que son. Utilice pedazos de lana para que calculen qué tan altos o largos son los animales y pegue estas lanas en la pared. Luego que investiguen en un libro sobre estos animales y sus tamaños, comparen los datos con las lanas que los niños utilizaron para calcular.

Cuántos

Pida a los niños que dibujen o corten fotos de animales. Juntos, realicen una gráfica que muestre cuántas patas tienen. Las columnas en la gráfica pueden ser: 0, 1,2,4, o muchas. Haga que los niños peguen sus animales en la gráfica sobre la columna correcta. Ayúdelos a descubrir que algunos animales no tienen patas, que ninguno tiene una sola pata, y que muchos tienen dos, cuatro o muchas patas. Ningún animal tiene 3 patas excepto si una ha perdido por alguna razón.

Área: Arte
Pez de témpera o vinilos

Pinte escamas en un papel. Deje secar, corte formas de peces de un papel. Póngales ojos con adhesivos o con marcadores. Decore la ventana con el pez. Permita que los niños corten o decoren con plantas de papel para simular el fondo del mar.

Para decorar las colas de estos peces, entrégueles a los niños lana, cintas, papel crepé en tiras, pedazos de tela cortados en tiras, etc. Motívelos para que usen su imaginación para que estas colas queden como reales. Pueden decorar con escarcha.

Tema: El transporte

Área: Lenguaje-escucha
Títeres de palabras y oraciones

Con marcadores, haga que los niños dibujen caras en bolsas de papel para hacer títeres. En la parte exterior del fondo de cada bolsa escriba una sola palabra. Pida a los niños que se pongan las bolsas en la cabeza y cada uno se llamará como es su palabra. Trate de que en grupos, formen oraciones poniéndose uno al lado del otro. Ayude a los niños a que practiquen utilizando el vocabulario y la posición de las palabras en una oración. (Ejemplo: Este es un carro)

Lenguaje:lectura
Etiquetas para los vehículos

Haga que sus estudiantes traigan a clase vehículos para marcarlos, usando cinta de enmascarar y marcadores. Pida a los niños que repitan la letra que le ayuden con el sonido inicial de cada palabra: Ejemplo: *"c"* para *camión,* *"t"* para *tren, etc.* Si desea, puede escribir las letras iniciales con diferentes colores. Motívelos a que pronuncien todas las palabras de las etiquetas mientras están jugando. Puede reunir fotografías de vehículos para su cartelera de temas y marcarlas con los nombres correspondientes de cada vehículo.

Área: Sociales
Clasificando vehículos

Defina tres áreas de la clase como tres lugares especiales: tierra, agua y cielo. Divida a los estudiantes en tres grupos, los que conducen vehículos de tierra, los que conducen vehículos del agua y los que conducen vehículos del aire. Pueden jugar con aviones o carros que tengan en clase o pueden hacerlos de papel. Pueden descubrir que los aviones, por ejemplo, pueden ir por tierra y por aire y de esta forma tendrán que compartirlos. Permítales que decoren su área de juego. Éste puede ser un proyecto de una o de varias clases.

Podrían también inventar sus propios vehículos y diseñarlos con material reciclable o papel de colores.

Área: Ciencias
Botes

Provea a los niños de una gran variedad de materiales con los cuales puedan hacer botes y pídales que inventen botes o barcos que floten. Pruebe los botes en una vasija con agua y haga una colección de botes que sí floten.

Área: Matemáticas
Señales de la calle

Realice una cartelera para exhibir señales de la calle que contengan números. Discuta las diferentes señales con toda la clase, ayudando a los niños a leer los números y a que aprendan qué quieren decir. Pueden decorar el salón de clase con otras señales hechas por ellos mismos.

Planear actividades didácticas que enriquezcan el proceso de aprendizaje y que inviten al estudiante a participar activamente en clase es una de las mayores responsabilidades del docente. Es fácil orientar sus clases hacia la potencialización de la creatividad, la mutua cooperación y el autoaprendizaje. Las experiencias que viven los niños a través de los sentidos facilitan notablemente el aprendizaje de cualquier tema. Haga que esas experiencias sean inolvidables.

Conclusiones

La labor docente demanda mucha responsabilidad y creatividad para el buen manejo de todos los aspectos de clase. Por lo tanto, en numerosas ocasiones, es necesario acudir a una ayuda externa que nos brinde más herramientas prácticas para facilitar el proceso de enseñanza. Los aspectos más difíciles para el docente son, sin duda, la integración escolar de niños excepcionales en programas curriculares regulares, el manejo de la disciplina, las relaciones interpersonales, y la planeación de actividades significativas para integración de áreas. Estos aspectos de la educación, como lo describí en los capítulos anteriores, se convierten en constantes generadores de estrés y frustración. Debido a una sociedad inmensamente golpeada como la nuestra, los niños y jóvenes de estas últimas décadas han venido siendo emocionalmente perturbados por diferentes problemas sociales tales como la violencia interna del país y del mundo entero, la desintegración de las familias, y la drogadicción, entre otros. En consecuencia, los estudiantes que están dejando los padres en nuestras manos, son personas que de una u otra manera, están afectadas, y es al docente a quien le corresponde proporcionar el espacio ideal de formación integral para manejar y aliviar todas estas dificultades de orden emocional y comportamental. Es por eso, que usted puede, a partir de este momento, adoptar este libro como su guía práctica para encontrar las soluciones a los problemas que a diario se presentan en el salón de clase. Usted ha tenido una preparación profesional que lo hace buen conocedor de la materia, pero no se le han dado las herramientas efectivas para lidiar con los otros aspectos difíciles de la educación que he descrito detalladamente en estas páginas.

En lo que se refiere al trato con niños excepcionales, es de vital importancia que usted sea consciente de la diferencia social, intelectual y emocional de cada uno de sus estudiantes y de sus necesidades particulares para poder diseñar un programa curricular que se adapte a cada uno de ellos. Asimismo, mantenga un ambiente de mutua cooperación y respeto entre sus estudiantes para evitar el doloroso evento de causarle daño a uno de ellos. Su responsabilidad como docente, es la de ofrecerles un ambiente de aprendizaje normal en donde puedan llegar a ser personas independientes y útiles a la sociedad.

En segundo lugar, es posible lograr buen manejo del comportamiento en clase, uno de los aspectos más agotadores de la labor educativa, ya que siempre existen estrategias alternativas y sugerencias prácticas que se pueden adaptar a nuestro esquema de disciplina. Sentimos que a veces, nos "quedan grandes" los comportamientos de algunos estudiantes y esto se debe a que no buscamos ayuda profesional externa que nos oriente en este aspecto. Si usted leyó todas las recomendaciones descritas en el Capítulo 2, es posible que ahora sea consciente de que existen muchas alternativas pedagógicas para evitar el desgaste físico y emocional en su tarea educativa. Todas las ideas aquí sugeridas han sido aportadas por diferentes educadores, quienes en una u otra oportunidad han tenido mucho éxito en su aplicación. Entonces, no dude en intentar recurrir a unas o todas ellas centrando todos sus esfuerzos en beneficio de las competencias sociales y académicas de sus estudiantes.

Si revisa su experiencia educativa, encontrará que otro factor que de alguna manera le causa dolor de cabeza e insatisfacciones, es el de las relaciones interpersonales con sus estudiantes, con los padres de familia y con los demás compañeros de trabajo. Sin duda alguna, siempre habrá conflictos personales con alguna persona de nuestro entorno y aún más cuando el docente tiene que mantener contacto constante con toda la comunidad educativa. Para lograr que el proceso de aprendizaje de sus estudiantes esté apoyado mutuamente tanto por el grupo docente como por los padres de familia, es a usted a quien le corresponde invitar a todos los miembros de dicha comunidad a la participación activa. En consecuencia, es fundamental tener cuidado especial con la manera en que tratamos y reconocemos a los demás mostrando siempre una actitud positiva y particularmente, tolerante. Si generamos un ambiente de trabajo cálido y de mutua cooperación, es muy probable que los resultados de los estudiantes y de la institución en general se vean reflejados en el reconocimiento que ésta reciba por parte de los padres de familia.

Finalmente, el diseño de actividades significativas dentro de un programa curricular integral, representa un papel importante en el proceso de formación de estudiantes escolares para poder motivar en ellos su deseo de aprender y participar en la construcción de su propio conocimiento. A los estudiantes, en especial los de preescolar y primaria básica, les gusta aprender cuando se les brindan experiencias significativas y divertidas. Ésta es la fórmula perfecta para diseñar una clase enriquecedora que motive al estudiante a desarrollar su propio aprendizaje. En este sentido, es vital que el docente tenga en cuenta la edad de los estudiantes, sus intereses, y sus habilidades para permitirles la participación activa en el desarrollo de los temas de clase. Además, hay que ser una persona creativa en el manejo de recursos didácticos, en la aplicación de estrategias pedagógicas, y en el diseño curricular. Si todos estos factores los enfrenta el docente sin temor a la frustración, va a encontrar que no hay nada imposible y que siempre habrá soluciones de primera mano para sus problemas de clase.

Bibliografía

Ronald L. Partin, *Classroom Teacher´s Survival Guide, Practical Strategies Management Techniques, Reproducíbles for New and experienced Teachers, ,* The Center for Applied Research in Education, NewYork, 1995.

Every Child a Learner. Successful Strategies for Teaching All Children, The Society of Developmental Education, 9th Edition Sourcebook, Peterborough, 1997

Tomkins Hoskisson, *Language Arts, Content and Teaching Strategies,* Macmillan Publishing Company, New York, 1991

D. Long and Virginia H. Frye with Elizabeth W. Long, *Making It Till Friday, A Guide to Successful Classroom Management,* James, Princeton Book Company Publishers, Princeton, New Jersey, 1989.

The Mailbox Teacher Back To School Magazine, At Works with LD Child, The Education Center Inc, U.S.A., pp. 54-57,1999.

The Mailbox Magazine, The Idea Magazine For Teachers, The Education Center Inc, Greensboro, 1996-97.

Jean Morzollo and Irene Trivas, *The New Kindergarten. Full Day, Child Centered, Academic,* , Harper & Row Publishers, New York, 1987.

September Patterns, Projects & Plans to Perk Up Early Learning Programs, Incentive Publications, Inc., Tennessee, 1989.

Duque Linares, Jorge, *La Misión de Educar,* Formas e Impresos S.A., Santafé de Bogotá, Junio 2000.

El Mundo de Los Niños, Guía de Los Podres, Tomo 16, Salvat Editores S.A., Barcelona, p.p. 52-53, 1987.

Terje Sagvlden and Trevor Archer, *Attention Deficit Disorder, Clinical and Basic Research,* Lawrence Erlbaum Associates, Inc. Publishers, New Jersey, 1989.

En Internet:

www.pdkintl.org/kmc19610.htm.
The Professional Journal For Education, James McLeskey and Nancy L. Waldron, PHI Delta Kappa International, Inc., pp.1-11, 1996.

LECTURAS SUGERIDAS:

Internet:

www.educar.org
Padres y Maestros, Una Relación de Confianza. Autor: José Julio Paz Kowalski. 2002

www.pdkintl.org/kmc19610.htm
Kappan, The Professional Journal for Education Responses to Questions Teachers and Administrators Frequently Ask About Inclusive School Programs. Autor: James MccLeskey and Nancy L. Waldron 1996

www.eric.org.
Eric Clearinghouse on Disabilities and Gifted Education. GT Inclusion (updated January 2002).

Otras:

Olweus, D. ,*Conducta de Acoso y Amenaza Entre Escolares*, Ediciones Morata, Madrid 1998.

Wang, M.G., *Atención a la Diversidad del Alumnado*, 3ª Edición, Ediciones Narcea, Madrid, 1998.

Barton, L. Discapacidad y Sociedad, Ediciones Morata , Madrid, 1998.

Ray Crozier, W., *Diferencias Individuales en el Aprendizaje- Personalidad y Rendimiento Escolar*, Ediciones Narcea, Madrid 2001.

Diantonia, C. *Expresión, Comunicación y Discapacidad- Modelos Pedagógicos y Didácticos para la Integración Escolar y Social*, 2ª Edición, Editorial Narcea Madrid, 2001.

Agüera, I. ,*Ideas Prácticas para un Currículo Creativo*, 3ª Edición, Colección Educación Hoy, Editorial Narcea.

Fernández, I. *Prevención de la Violencia y Resolución de Conflictos- El Clima Escolar como Factor de Calidad,* 3ª Edición, Colección Educación Hoy, Editorial Narcea, Madrid, 2001.

Alonso, J. A., Benito, *Superdotados- Adaptación Escolar y Social en Secundaria,* Colección Secundaria Para Todos, Editorial Narcea , Madrid, 1996.

Vila, Anna., *Tengo una Hija Deficiente- Evaluación, Socialización y Tratamiento de una Niña Diferente*, Colección Educación Hoy, Editorial Narcea, Madrid , 1999.

Sigman, M. y Capps, L., *Niños y Niñas Autistas- Una Perspectiva Evolutiva,* Editorial Morata, Serie Bruner, 2000.

C. Avila, A. Palomino-Lorente, *Niños Hiperactivos- Comportamiento, Diagnóstico, Tratamiento, Ayuda Familiar y Escolar*, Ediciones Narcea, Grupo Editor Alfaomega S. A. de C. V., Méjico D.F., 2002.

Redding, Sam., *Familias y Centros Escolares*, Prácticas Educativas 2, Cooperativa Editorial Magisterio, Bogotá, D. C., 2002.

Vosniadou, Stella., *Cómo Aprenden los Niños,* Prácticas Educativas 7 , Cooperativa Editorial Magisterio, Bogotá, D. C., 2002.

L. Foster, Sharon., Brennan P., Biglan A., Wang, Lina., Hhaith, S., *Previniendo Problemas de Comportamiento,* Prácticas Educativas 8, Cooperativa Editorial Magisterio, Bogotá, D.C., 2002.

La Autora

Ana Isabel Echeverri N.

Nacida en Bogotá en el año 1961, se interesó por los idiomas desde muy niña y en el año 1984 recibió el título de Licenciada en Lenguas Modernas de la Universidad de los Andes. Posteriormente, y debido a su preparación profesional, se dedicó durante 20 años a la enseñanza del idioma Inglés en diferentes colegios e instituciones académicas de Bogotá en donde tuvo la oportunidad de trabajar con niños, adolescentes y adultos. Recibió el entrenamiento suficiente en las dos áreas de mayor interés como son la traducción escrita y la enseñanza. En su trayecto como docente encontró muchas dificultades de carácter humano que se convirtieron finalmente, en tema de minuciosa investigación. Es así como decide retirarse de las aulas y dedicarse a escribir el *Manual del Docente* con las mejores intenciones de compartir innumerables ideas prácticas que fueron sus herramientas de trabajo en el diario vivir dentro del aula de clase. Su constante inquietud por mejorar la labor educativa es el motor que la empuja a trabajar e investigar incansablemente para poder ofrecer al docente y a las instituciones educativas toda su ayuda profesional.